U理論
[エッセンシャル版]

人と組織のあり方を根本から問い直し、
新たな未来を創造する

C・オットー・シャーマー
中土井僚・由佐美加子訳

The Essentials of Theory U
Core Principles and Applications

C. Otto Scharmer

英治出版

我々の時代の三つの大きな断絶――環境、社会、精神の断絶――を
埋めようとする人たちが創る、今出現しつつある運動に捧げる。

THE ESSENTIALS OF THEORY U

Core Principles and Applications

by

C. Otto Scharmer

訳者まえがき

二一世紀を迎えてからまもなく二〇年になろうとしています。二一世紀は私たちにとってどのような時代として形を現してきているのでしょうか？　さまざまな面で不確実性が高い、変化の激しい時代というイメージをお持ちの方は少なくないでしょう。

ハンス・ロスリング氏は著書『ＦＡＣＴＦＵＬＮＥＳＳ（ファクトフルネス）——10の思い込みを乗り越え、データを基に世界を正しく見る習慣』（日経ＢＰ）の中で、統計データに基づけば世界はより良いものになってきており、にもかかわらず私たちは、世界がより悪くなっていると思い込みがちだと述べています。

たとえば、世界の人口のうち極度の貧困にある人の割合が過去二〇年でどう変わったかという問いについて、正しい認識（半分になった）を持っている人はとても少なく、調査では各国の大半の人が「あまり変わっていない」か「約二倍になった」と答えたそうです。世界が「より良くなっている」事実を知らないばかりか、「より悪くなっている」と思い込んでいる人が多いというのです。
こうした思い込み（裏を返せば「昔はよかった」という見方）は実際、私たちの中にも見られるのではないでしょうか。政治や社会の諸問題や、地域のあり方や、属する組織のカルチャーなど、さまざまな問題について、確たる根拠がないにもかかわらず、状況が悪化しているというイメージを持っていることはないでしょうか？
とはいえ、世界がより良くなっているのが統計的な事実だとしても、だからといって「このままで大丈夫」とか「何も心配はいらない」ということにはなりません。ロスリング氏は、事実に対する向き合い方として、悲観主義でも楽観主義でもなく「可能主義」という立場を提唱しています。根拠なく希望を持ったり不安になったりするのではなく、良い事実も悪い事実もきちんと把握し、その上で建設的な行動をとるというスタンスです。

わたしは「世界は良くなっている」とは言っているが、「世界について心配する必要はない」と言ってはいない。もちろん、「世界の大問題に、目を向ける必要はない」と言っているわけでもない。「悪い」と「良くなっている」は両立する。

ロスリング氏は比喩として、世界は保育器にいる赤ちゃんのようなものだと述べています。保育器の最適化された環境の中で徐々に体調は良くなっているものの、予断を持たず、注意深く見ていなければならないということです。

ものごとを安易に断定せず、思い込みに陥らず、事実をありのままに見ることの大切さは、さまざまな問題が複雑に絡み合い、また新たな課題も次々に生まれている今日、ますます高まっているのではないでしょうか。そして、テクノロジーによって膨大な量のデータが得られる現代だからこそ、私たちはこうした新たな見方ができるはずですし、していかなければならないと思います。

これは言うのは簡単ですが、私たちに大転換を強いています。

たとえば気候変動は、いまや気候危機とも呼ばれ、私たちの生活が自然災害に脅かされることが現実にたびたび起きていますが、今のところ状況改善の兆しは見えません。何をどう考えてもより良くなっていくようには感じられない状態です。そんな中で、私たちは絶望するのではなく、大丈夫と思い込むのでもなく、「可能主義者」でいられるでしょうか？

自分の認知が歪んだり偏ったりするのを防ぎ、曇りのない目で、ほんとうの問題は何か、真に存在する可能性は何なのかを見つめ、建設的な行動を起こすこと。そのヒントを提示するのがU理論です。


U理論とは、過去の延長線上ではない変容やイノベーションを、個人、ペア（一対一の関係）、チーム、組織、コミュニティ、社会といったさまざまなレベルで起こすための原理と実践の手法を明示した理論です。学者、起業家、ビジネスパーソン、発明家、科学者、教育者、芸術家など約一三〇名の革新的なリーダーたちに対するインタビューから生み出されました。

詳しくは本文をご覧いただくとして、ここではU理論の主な特徴を五つ挙げておきます。

1. 外的な状況に本質的な変化をもたらすため、内面の変容を重視している……外的な状況に影響を与える施策や行動は、個々人の内面から生じているものであるという観点に立脚し、内面の変容に基づくイノベーションの実現を重視しています。
2. 内面の変容を外的な変化につなげる道筋とその実践手法を体系化している……目に見えづらい内面の変容はどのように促進され、それをどのように外的な施策へとつなげていけばよいのかの原理・原則が描かれています。
3. 自分の内面の状態をメタ認知できるようになり、自ら変容を起こす力が高まる……内面の状態をメタ認知（自分の認知状態自体の認知）するための枠組みと、自分の内面の質を向上させるためのポイントが示されています。
4. 自分が当事者となっている問題の解決の糸口が見えるようになる……問題と自分自身がどのようにかかわっているか（自分がどのように問題の一端を担っているか）を理解し、解決の糸口を見出すことに役立ちます。
5. 個人、一対一、チーム、組織、社会のあらゆるレベルで実践が可能……U理論の原理・原則は普遍的なものであるため、問題が起きているのがどのレベルであっても、応用が可能です。

こうした特徴を持つU理論は、シャーマー博士自身や世界中の実践者たちにより、数々の社会変革や組織変革のプロジェクト等で活用され、実践理論としての体系化が図られつづけています。企業での実践事例のみならず、南アフリカのアパルトヘイト問題やコロンビアの内戦、アルゼンチンやグアテマラの再建など、複雑な社会問題を解決する現場でも活用され、多大なる影響を生み出しています。

日本でもU理論が紹介されはじめてから約一五年が経過しようとしており、一部の方には知られるものとなりましたが、既に知っている人であったとしても、その本質のいくつかはまだ十分に理解されているとは言い難い状況です。

そのうちの一つが、U理論は三つの大きな断絶（環境、社会、精神の断絶）によって生じる社会課題を解決しようとしているということです。

本書の冒頭に「我々の時代の三つの大きな断絶――環境、社会、精神の断絶――を埋めようとする人たちが創る、今出現しつつある運動に捧げる。」と記されているように、シャーマー博士はこれらの断絶が私たちの現在抱えている解決困難な課題の根幹であり、ここに「てこの支点」となりうる変革の要があるととらえています。

U理論はその「てこの支点」に差し込まれる強力な棒として生まれ、進化を遂げつづけています。

本書は博士自らの手によってエッセンシャル版として生み出されたものですが、単に『U理論［第二版］』を要約した解説本ではありません。

［第二版］——過去や偏見にとらわれず、本当に必要な「変化」を生み出す技術』を要約した解説本ではありません。

『U理論［第二版］』の内容に加え、続編として出版された博士とカトリン・カウファー氏の共著『出現する未来から導く——U理論で自己と組織、社会のシステムを変革する』の内容も本書ではカバーされています。

この二冊の「エッセンス」が抽出されてできている本書は、U理論とは何か、どうやって実践するのかに加え、私たちが現在抱えている問題の本質は何なのか、時代の進化はどのような段階を経て生じ、その時代の進化の一翼を担う私たちに何が問われているのかを指し示しています。

その意味で、時代の大局をとらえながらも、先行きの不透明な未来に向かってどんなビジョンを柱として打ち立て、どんな第一歩を踏み出していけばよいのかのヒントを得たい人にとっては価値ある一冊となるものと思います。

三つの大きな断絶（環境、社会、精神の断絶）によって生じる数々の問題は、私たちにとってつもなく大きな痛みを伴うさまざまな事態を突き付けてくるのは避けがたいのではないかと思います。

そして、その痛みを伴うほどの事態に対して私たちが真正面から向き合うからこそ、開かれる可能性があるはずです。

その逆説的な未来への可能性の扉が本書から開かれていくことを願ってやみません。

※本書の中でUラボというプレゼンシング・インスティチュートが主催するグローバル規模での取り組みが紹介されていますが、日本においても、U理論の実践を支援するために各種活動を展開しております。ご興味のある方はぜひ、こちらにアクセスをしてください。

・一般社団法人プレゼンシングインスティチュートコミュニティジャパン
www.presencingcomjapan.org/

・フェイスブックページ　U理論公式ファンページ
www.facebook.com/theoryu/

・Uラボ日本語受講者同士のバーチャルハブ
www.facebook.com/groups/1546538972284097/

二〇一九年八月

一般社団法人プレゼンシングインスティチュートコミュニティジャパン 理事　中土井　僚

U理論［エッセンシャル版］　目次

訳者まえがき 3
はじめに 16

第I部 場を見るための枠組み

第1章 盲点 33
三つの断絶 35
盲点 37
空白のキャンバスの前で 39
MITに着いて 40
出現しつつある未来から学ぶ 41
器《コンテナー》を作る 46
社会的な場 48

第2章 U理論——形は意識に従う 51

システムにそれ自体を観させる 52
観る瞬間 54
プロセス——三つの動き 56
深い領域を描く 59
内なる知の三つの手段 63
Uの左側を下りる旅に現れる三つの敵 66
Uを上ることを妨げる二つの障害 68
プレゼンシングと不在化《アブセンシング》 68

第3章 社会進化のマトリックス 73

社会的な場の文法 74
意識を向ける 81

会話をする 84
組織化 92
調整と統治 97
領域1から領域4へ――転換の旅 101
システムがそれ自体を感じ取り、観るようにする 105

第4章 針の穴 107
「君には大いに期待しているよ」 108
物質と精神の再統合 110
システム思考の本質 111
針の穴を通る 114
システムと自己の関係を転換する 115
反応から再生へ 126

第II部 意識に基づくシステム変革の方法

第5章 一つのプロセス、五つの動き——未来からイノベーションを起こす 131

共始動——共通の意図を明らかにする 132

共感知——システムの周縁部から現実を観る 142

プレゼンシング——最高の未来の可能性につながる 161

共創造——「新しいもの」を結晶化させ、プロトタイプする 185

共形成——イノベーションの生態系を育てる 197

第III部 進化的社会変革の物語《ナラティブ》

第6章 社会のオペレーティングシステムをアップグレードする 211

経済4・0 212

民主主義4・0　221
セクター横断4・0　223
4・0ラボ　230

第7章 原点に戻る　233

東ドイツのKGBに感謝を込めて　233
道からそれない　235
「やらないわけにはいかない」　236
Uラボ　238
参加しよう　243

U理論［エッセンシャル版］

はじめに

二〇〇六年に『U理論』の初版★を上梓し、一〇年が過ぎたころ、出版社から本書の執筆を打診された。もう少し丁寧な言い方ではあったが、担当者はだいたいこんなことを言った。「たしかに、『U理論』は売れている。でも正直に言うと、なぜだかさっぱりわからない。解読はほぼ不可能だ。五〇〇ページ、何十もの表、何百もの脚注。出版社が著者に『やめてください』というものばかりだ」。そしてこう提案した。「たまには読みやすい本を書いてみませんか。もっと短くてとっつきやすく、アップデートしたものを」

私はたぶん、ちょっと気を悪くしたような顔をしたのだろう。それを察知した彼は、問髪を入れず説明した。数人の著者――たまたま私が尊敬する著者だった――が彼の提案を受け入れ、どうしたかを。一作目で、自分が創造したことを余すところなく書く。そして二作目で、もっとわかりやすく解説する。今あなたが手にしている本が、その結果だ。

本書がお役に立つことを願っている。システムを変えるための気づき《アウェアネス》に基づく手法であ

★　C・オットー・シャーマー『U理論――過去や偏見にとらわれず、本当に必要な「変化」を生み出す技術』（中土井僚、由佐美加子訳、英治出版、2010年）。第二版は2017年発行。

るＵ理論へのこの入門書で、私は次の問いに答えたいと思う。「破壊的混乱に直面する中で、どう学べばよいのか」「出現する未来からどう学べばよいのか」

Ｕ理論は、人間の意識の進化という観点から、システム思考、イノベーション、変化を主導することを融合する。マサチューセッツ工科大学（ＭＩＴ）の伝統であるアクション・リサーチと実践を通した学習に基づくＵ理論は、世界に広がる実践家たちの生き生きとしたコミュニティが二〇年にわたって実験を重ね、洗練させながら進化してきた。Ｕ理論の核心には、次の三つの主要な要素がある。

1. リーダーシップとシステム変容の盲点を見るための枠組み。
2. 気づきに基づく変革を実行する手法。プロセス、原則、実践。
3. 進化的社会変革のための新しい物語《ナラティブ》。あらゆるセクターで精神と組織のオペレーティングシステム（ＯＳ）を更新する。

第Ⅰ部では、Ｕ理論の枠組みと中心的な考え方を探っていく（第1〜4章）。今日のリーダーシップの最も重要な盲点、つまり我々の行動を起こさせている「内面の状況」に光をあてる。

第Ⅱ部では、Ｕ理論のプロセス、原則、実践を解説する（第5章）。チェンジ・メーカーのための実践的な手法とツールを紹介する第Ⅱ部の焦点は、我々の行動を起こさせている内面の場を転換する集団的な能力を構築することにある。

第Ⅲ部では、社会に根底からの進化的変革をもたらす新しい物語《ナラティブ》を紹介する（第6〜7章）。今日の喫緊の課題に取り組めるように社会を再設計するには何が必要なのか。集団的なシステムの転換にマインドフルネスの力を応用するには何が必要なのか。ここでは教育機関や経済、民主主義の「オペレーティングシステム」を更新するための枠組みを説明する。この枠組みはU理論の核心的な概念を資本主義の転換に応用するものだ。

U理論は次に挙げる変化をもたらすための手法と系譜を統合している。

- ピーター・センゲ、エドガー・シャイン、ドナルド・ショーン、クリス・アージリス、クルト・レビンの流れをくむアクション・リサーチと組織学習
- ティム・ブラウン、デビッド・ケリーの流れをくむデザイン思考
- フランシスコ・ヴァレラ、ジョン・カバット＝ジン、タニア・ジンガー、アーサー・ザイエンス、デビッド・ボームの流れをくむマインドフルネス、認知科学、現象学
- マーティン・ルーサー・キング・ジュニア、ネルソン・マンデラ、マハトマ・ガンジーほか、それぞれの地元の状況で変化を起こそうとしている何百万人もの人々の流れをくむ市民社会運動

U理論のリーダーシップ――社会的な場《ソーシャルフィールド》を育む

U理論は根本において、行動と意識《アテンション》の向け方のさまざまな生まれ方を区別する。**このように意識を向けたために、こうした結果が現れる**、といった具合だ。あるいは、ハノーバー保険の元CEOの故ビル・オブライエンが言ったように、「組織に対する介入が成功するかどうかは、介入者の内面の状況にかかっている」。

U理論は、今日のリーダーシップの**盲点**、個人としても集団としても我々の行動を起こさせている源である「内面の状況」に目を向けさせる。

私は農場で育ったので、内面の状況を畑《フィールド》になぞらえるのを好む。どちらのフィールドにも二つの次元がある。表面より上で育っている目に見える次元と、表面の下の目に見えない次元である土壌の質だ。

社会的な場も同じように区別できる。人がすること、つまり目に見える領域で人々が達成する現実的な成果は、目で見ることができる。しかし、より深い基底の状況、我々の行動がそこから起こっている**源**に注意を払うことはめったにない。U理論はその盲点に――社会的な場の目に見えない源の次元に、我々がお互いに持っている関係の質に、システムに、そして我々自身に――我々の意識を向けさせる。

U理論は行動と意識を生み出す四つの形（あるいは源）を区別する。それらは（1）習慣的、

（2）エゴシステム的、（3）共感的‐関係的、（4）生成的エコシステム的という意識の質によって生じる。

リーダーシップの神髄は、盲点（これらの内面の状況または源）に気づき、直面している状況の必要に応じて、**我々の行動の起点である内面の場を転換させることで**ある。つまり、リーダーやチェンジ・メーカーの役割は、**社会的な場の土壌を耕すこと**なのだ。**社会的な場**は個人、集団、システムの間の関係によって構成されていて、それが考え方や会話、組織化の仕方のパターンを作り出し、最終的に現実的な結果を生んでいる。

社会的な場は社会的なシステムと似ているが、内側から、内面の状況から見たものだ。社会的な「システム」という視座から社会的な「場」という視座に転換するには、我々の盲点、つまり我々の意識と行動を生み出している源のレベルに気づかなければならない。その源のレベルがリーダーシップ、学習、聞き方の質に根本的な影響を与える。

今日のリーダーシップの問題は、ほとんどの人がリーダーシップとは個人で成り立っていると考えていることだ。一人が頂上にいるという形である。しかし、リーダーシップを、システムが未来をともに感じ取り、ともに作り上げる能力ととらえると、すべてのリーダーシップは分散して存在することに気づく。あらゆる人を巻き込む必要があるのだ。集団としての能力を養うには、一人ひとりがより大きなエコシステムの財産管理者《スチュワード》として行動しなければならない。より信頼性があり、分散した、意図的な手法でこれを行うには、以下が必要である。

- 社会的文法……語る言葉
- 社会テクノロジー……手法とツール
- 社会変革の新しい物語《ナラティブ》

社会的文法については第Ⅰ部で説明する。気づきに基づく社会テクノロジーという手法については第Ⅱ部で説明する。第Ⅲ部ではこれらが社会と文明を刷新する物語《ナラティブ》に統合される。

U理論は、出現しつつある未来の可能性をともに感じ取り、ともに作り上げるというコア・プロセスを中心に展開する。しかし、内包されていることはそれよりはるかに多い。本書で概説する文法と手法は、直線的なプロセスではなく、マトリックスとして機能する。U理論の手法の中心にあるリーダーシップ能力には以下のものが含まれる。

- **保留と感嘆**……判断を保留することによってのみ、素直に驚けるようになる。感嘆とは、ダウンローディングのパターンを超えた世界があることに気づくことである。
- **共感知**……最も可能性のある場所へ自ら行かなくてはならない。なぜなら未来の種はこのつながりの中に生まれるからだ。思考と心を広く開いてこのような場所とつながるのだ。

- **意図の力**……「意図」の力が鍵だ。あらゆるプレゼンシングの作業において、深い意図は、企業による洗脳の反対である。可能性の幅を狭めるのではなく広げること、我々を引き裂きがちな世界で自己の源を強化すること、自分自身の好奇心と共感と勇気の源に気づくことが必要なのだ。
- **共創造**……行動すること、出現しようとしている未来への滑走路を築くことによって未来を探索する。
- **器を作る**……生成的な社会的な場を活性化する新しい保持空間を創造する。

今日の社会的なエコシステムの問題は、部分と全体の間のフィードバック・ループが断絶していることだ。U理論は**システムがそれ自体を感じ取り**、**観る**ように導くことによって、**部分と全体を再びつなげる**ための手法を提供する。これができれば、集団としての意識が**エゴシステムの気づき**から**エコシステムの気づき**に——**縦割りの見方**から**システムとしての見方**に変化する。

U理論の手法とツールによって、グループは集団のレベルでこれを行うことができるようになる。たとえば、ソーシャル・プレゼンシング・シアターは、あるシステムの利害関係者のグループが、**観察の視線を曲げて観察者自身に向ける**ことによって、自分自身——個人としても集団としても——を感じ取り、観ることができるようにする。

これは重要である。なぜなら**エネルギーは意識の向け方に従う**からだ。リーダー、教育者、親などがどこに意識を向けようと、チームのエネルギーはそこに向かう。意識の質がエゴからエコへ、「私」から「私たち」へと変わるのに気づいた瞬間に、より深い場の状況が開かれ、**生成的な社会的な場**が活性化される。

私がこの二〇年の間に、これらをはじめとするさまざまな手法で行ってきた仕事は、つまるところこう言える。どんなシステムにおいても、それが達成する結果の質は、システムの中の人々の行動を生み出している気づきの質に左右される。言い換えれば、**形は意識に従う**のだ。

謝辞

本書は、気づきに基づくシステム変革を導くための新しい方法論を中核としているが、自己《セルフ》の旅の物語でもある。自己とは、この場合、私自身だ。農場で育った子供が、社会運動の活動家になり、経済学を考え直し、チーム、組織、社会レベルでの学習インフラを構築しはじめた。この旅はもちろん、本書に記された仕事をともに創造してきた多くの関係のネットワーク全体の中に根ざしている。

世界中に広がるパートナーや協力者のネットワークに心から感謝の意を表したい。彼らの助けによって（1）この枠組みを明確化し、（2）手法を洗練させ、（3）今日の課題を考えるとこれ以上ないほど時宜にかなった物語《ナラティブ》と運動《ムーブメント》をともに創造することができた。

私と一緒にプレゼンシング・インスティチュート（PI）を創造してくれた以下の人々の貢献に深く感謝する。

共同創設者

- カトリン・カウファーは、プレゼンシングの実践を資本の意図的な利用に融合させることによって、価値観に基づく銀行での新しい能力構築環境の先駆的開発を主導した。
- アラワナ・ハヤシは、社会システムに埋め込まれた知の新しい手法であり、芸術の形態でもある「ソーシャル・プレゼンシング・シアター」を開発した。
- ケルビー・バードは、視覚的な方法でプレゼンシングの実践を具現化する「生成的記述《ジェネラティブ・スクライビング》」の手法を開発した。
- マリアン・グッドマンは、プレゼンシングの実践法を基にした能力開発の世界的なエコシステムを育てた。
- デイナ・カニンガムは、組織的な人種差別と構造的な暴力が絡み合う複雑な環境にプレゼンシングの実践を導入する方法を教えてくれた。
- ウルズラ・フェアシュテーゲンは、プレゼンシングの実践を意識的な農業に導入した。

- ベス・ジャンダーノアとサークルオブセブンは、以上のすべてのために空間を保持してくれた。

Uラボのコアチーム

- アダム・ユケルソンは、Uラボのプラットフォームをともに創造し、Uラボ1X（「個人の変革からプロトタイプへ」）と2X（「資本主義を転換するための七つの鍼のツボ」）のコンテンツの開発を主導してくれた。
- ジュリー・アーツは、世界中のUラボのハブ主宰者のコミュニティ作りを推進し、Uラボ3X（「あなたのイノベーション・ラボを作るには：実践への道筋」）のコンテンツ開発を主導してくれた。
- アンジェラ・バルディーニとシモーン・フランセンは、複数の場所のハブ主宰者とUラボのコミュニティ作りを推進し、支援してくれている。
- リリ・フーとジェイス・リーは、Uラボ・チャイナを構想して創造し、素晴らしい全国的なイノベーションのエコシステムを始動させた。
- マーティンとアギー・カルング＝バンダは、Uラボ・アフリカを創造し、プロトタイプを作り、アフリカ各地で多くの利害関係者イニシアティブと協働している。

世界各地のコアチーム・パートナー

- フランス・スギアルタ、ベン・チャン博士、ショービ・ラワラタは、ユナイテッド・イン・ダイバーシティとの協働で、インドネシアでのUラボとIDEAS（Innovative Dynamic Education and Action for Sustainability）のプログラムを推進し、主導している。
- ジュリア・キムとハ・ビン・トーは、ブータン、ベトナム、タイで国民総幸福（GNH）とプレゼンシングの実践を融合させている。
- ケネス・ホッグとキアラ・オリバーは、ABCD（既存の資産に基づくコミュニティ開発）を始動させるために、スコットランド政府内にUラボを導入している。
- デニーゼ・シャエルは、ブラジルで先駆的な食糧と栄養に焦点を当てたラボを主宰している。
- ケイティー・スタブリーは、オーストラリアで集団のプレゼンシング能力開発に携わっている。
- マニシュ・スリバスタバは、インドで、プレゼンシングの実践をガンジーに啓発された草の根の変革に融合させている。
- ジーン・トーランドは、ラテンアメリカでの実践者のコミュニティを創り上げた。
- レオラ・フェルプスとウィボ・クールは、エチオピアでサステナブル・フード・ラボを主宰している。

- ベス・マウントは、インクルージョン・ワークをソーシャル・プレゼンシング・シアターに融合させた。
- リズ・ソルムズとマリー・マコーミックは、ロサンゼルスで我々の教育ラボを主導している。
- ディーター・ファン・デン・ブルックは、Uプロセスをエコシステムの再生に応用している。
- スーザン・シェイとキャスリン・スカイラーは、気づきに基づくアクション・リサーチを推進している。
- ジョン・ヘラーとシナゴスで働く我々の同僚は、世界各地でラボのイニシアティブに携わっている。
- シェリー・ヌルサリムと、インドネシアと中国のユナイテッド・イン・ダイバーシティで働く我々の同僚
- クラウディア・マドラソと、メキシコのラ・バカ・インデペンディエンテで働く我々の同僚
- GIZグローバル・リーダーシップ・アカデミーのヴィープケ・ケーニヒとカタリナ・ローベック

助言者と理事

- ピーター・センゲ、エドガー・シャイン、アーサー・ザイエンス、ダイアナ・チャプマン・ウォルシュ、アイリーン・フィッシャー、イザベル・ゲレロ、ベッキー・ビュール、アントワネット・クラツキー、クリスティアン・フォン・プレッセンは、PIがただのアイデアから地球規模の影響力となるまで、ともに構想してくれた。

そして、

- ジャニス・スパダフォアは、以上すべてのダイナミックな混沌に、魔法のようなスキルで構造を与えてくれた。

MITx、edX、Uラボのようなプラットフォームが成長できる空間を創造するためにリーダーシップを発揮してくれたデボラ・アンコナ、フィル・トンプソンをはじめとするMITの同僚、ラファエル・レイフ学長、デジタル学習担当副学長のサンジャイ・サルマにも心から感謝したい。

ジョセフ・ジャウォースキー、ブライアン・アーサー、ジョン・ミルトン、エレノア・ロッシュ、野中郁次郎、フランシスコ・ヴァレラ、南懐瑾、ヘンリー・ボートフト、ベティー・スー・フラワーズ、マイケル・ユング、アダム・カヘンにも深く感謝したい。書籍

『U理論』と『出現する未来』★（センゲ、ジャウォースキー、フラワーズとの共著）で初めてU理論を詳述した際には、彼らに大いに助けられた。

最後に、原稿に多くの提案をしてくれたカトリン、草稿（の一部）にコメントを寄せてくれたバーバラ・マッケイ、ジャン・バイアーズ、ロブ・リチリアーノ、巧みな技術でテキストを編集してくれたジャネット・モワリー、素晴らしい挿絵を描いてくれたケルビー、この本を書くことを提案してくれたジーバン・シバスブラマニアム、そして原稿を一冊の本に仕上げてくれたベレット＝コーラー社のチーム全員に感謝を捧げたい。本書が読者のお役に立つことを願っている。

楽しい読書を！

二〇一七年九月一日

マサチューセッツ州ケンブリッジにて

オットー・シャーマー

★ ピーター・センゲ、C・オットー・シャーマー、ジョセフ・ジャウォースキー、ベティー・スー・フラワーズ『出現する未来』（野中郁次郎監訳、高遠裕子訳、講談社、2006年）

第I部
場を見るための枠組み

変化についての議論は盛んにするが、実際にはほとんど変化は起きていないという人がいる。しかし、私の経験ではそんなことはない。私は人生で何度か、地殻変動のような転換を目撃してきた。一九八九年にベルリンの壁が崩れ、それとともに冷戦構造が崩壊したときがそうだ。南アフリカで人種差別制度が終焉したときがそうだ。若者の運動《ムーブメント》が、最初のアフリカ系アメリカ人大統領をホワイトハウスに送り込んだときがそうだ。この二〇～三〇年の間に世界経済の中心が欧米から東アジアに移ったときがそうだ。そして今、一方的なグローバリゼーションへの反動として、またそれよりも重要な意味を持つ何か、つまり地球上のあらゆるところで起きている新しい気づきの目覚めを覆い隠すものとして、独裁者や国家主義者、極右運動が近年台頭してきているのを私は目にしている。

こうした変化の一つ一つが必ずしも地殻変動的な転換に至ったわけではないが、これだけはわかっている。今日何が起きても不思議ではない。私は、この時代で最も重要な地殻変動的な転換はもう起きてしまったのではなく、これから起きると信じている。その転換は、**資本主義、民主主義、教育、自己の変革**にかかわるものである。

第1章 盲点

我々は深遠な可能性と破壊的混乱の時代に生きている。古い考え方と組織化の論理が死にゆくことを特徴とする時代、そして新しい気づきと、生成的な社会的な場を活性化する方法が台頭しつつあることを特徴とする時代である。死にゆくもの、崩壊しつつあるものは、「ミー・ファースト」、「大きければ大きいほど良い」、そして我々を組織的な無責任の状態に導いてきた特殊利益団体主導の意思決定の世界である。

生まれようとしているものはそれほどはっきりしていないが、我々の意識を**エゴ**システムから**エコ**システムの気づき——すべての人の幸福に注意を払う気づきへ転換することにかかわる。世界中の多くの場所で、この気づきとその根底にある力の覚醒、つまり**心の知性**の起動が実際に起きている。そういう気づきから行動しはじめたグループは、カリフォルニア大学バークレー校の認知心理学者、エレノア・ロッシュの言葉を借りれば、「衝撃的なほど実績をあげている」。

この変化の始まりは、世界中で我々が直面している膨大な課題に比べれば、小さく、取るに足らないように見えるかもしれない。実際、多くの点でそうである。しかしそこには、人間性の本質を守り、さらに活性化させるために必要な**文明の根本的な刷新**の種があると私は信じる。

私の友人でプレゼンシング・インスティチュートの共同創設者でもあるケルビー・バードは、この感覚を深い溝のイメージで表現している（図1）。この図の左側にいると想像すると、崩壊し、死にゆく世界（過去の構造）が見える。右側には、今出現しつつある新しい精神と社会の構造が見える。問題は、二つを隔てる深い溝を越える方法、「こちら側」から「向こう側」へ移動する方法を考え出すことだ。

この絵は、本書の旅を端的に表している。深い溝を越える旅、過去に動かされている今の現実から、我々の最高の未来の可能性に触発されて出現しようとしている未来へ至る旅だ。

図1　破壊的混乱の課題

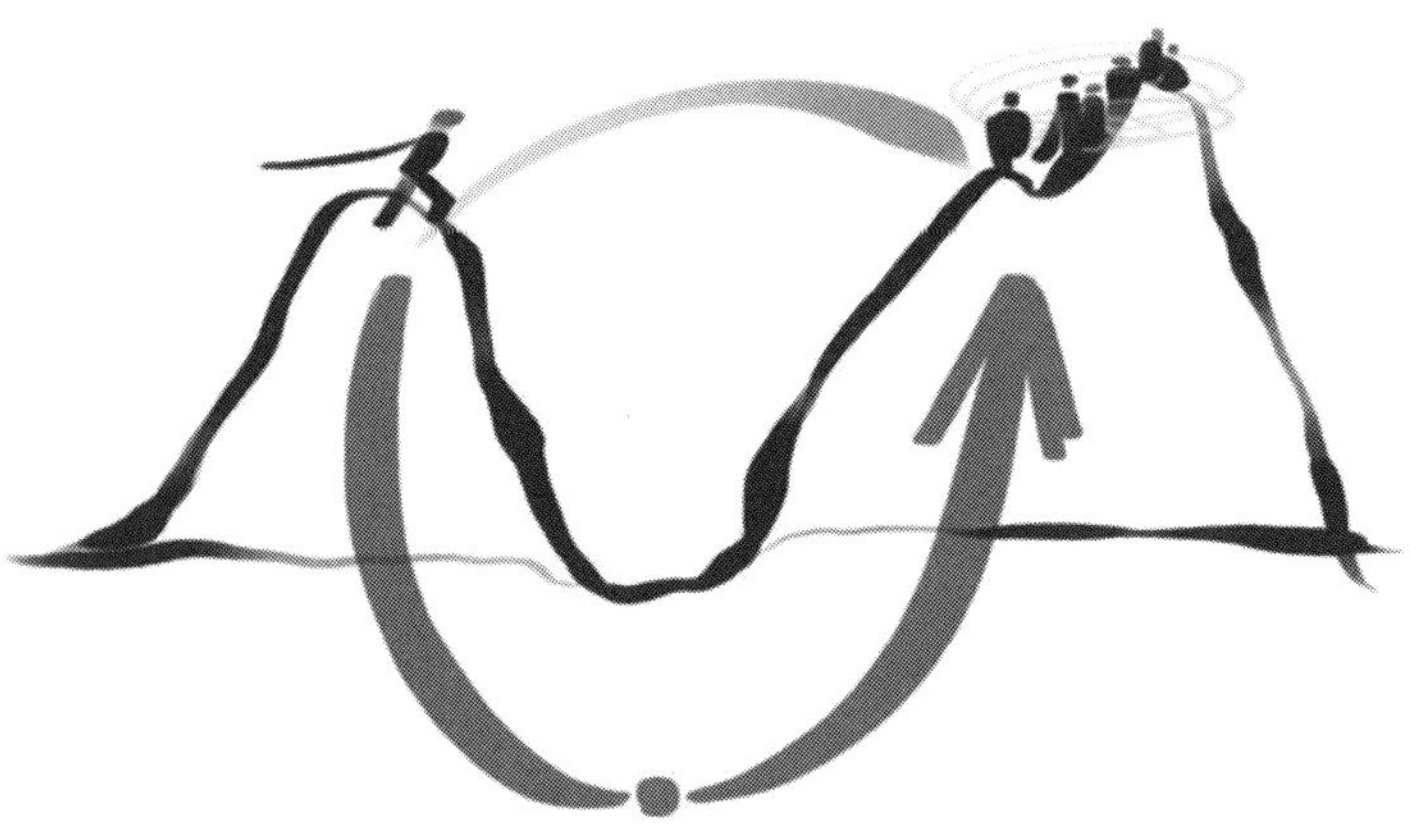

三つの断絶

今日、この旅はこれまでにも増して重要だ。深い溝を覗き込めば、次の三つの大きな断絶が見える。

- **環境的断絶**――過去に例のない環境破壊。結果は自然の喪失。
- **社会的断絶**――すさまじいレベルの不平等と分断。結果は社会、すなわち社会的一体性の喪失。
- **精神的断絶**――増えつづける燃え尽き症候群と抑うつ状態。結果は意味の喪失と自己（Ｓｅｌｆ）の喪失。私が大きなＳの自己（Ｓｅｌｆ）と言った場合、それはエゴに支配された現状の自己（小さなｓの自己［ｓｅｌｆ］）ではなく、最高の未来の可能性を意味する。

環境的断絶は一・五という数字で表すことができる。これは、今の経済が地球一・五個分の資源を消費していることを意味する。地球という惑星の再生能力の一・五倍を使っているのだ。しかも、これは平均にすぎない。たとえばアメリカの現在の消費の度合いは、地球五個分を超えている。

社会的断絶はもう一つの数字、八で表すことができる。八人の億万長者で、人類の半分が所有する富の合計と同じ富を所有しているのだ。そう、これは真実だ。一台のミニバンに乗せることができるわずかな数の人々が、世界の人口の「底のほうの半分」、つまり三八億人が所有するよりも多くを所有している。

精神的断絶は八〇万という数字で表すことができる。年に八〇万人以上が自殺しているという意味だ。これは、戦争、殺人、自然災害による死者の合計より多い。四〇秒に一人が自殺していることになる。

要するに、我々は（ほとんど）誰も望んでいない結果を、集団として生み出しているのだ。こうした結果に含まれるのが、自然の喪失、社会の喪失、大きなSの自己（Ｓｅｌｆ）の喪失である。一九世紀には、社会的断絶の増大が多くの国で重要な問題になり、それ以来、人々の意識を形成してきた。二〇世紀、特にその最後の三分の一の間には環境的断絶が増加した。これもまた、人々の意識を形成してきた。

そして二一世紀が始まった今、我々は精神的断絶の拡大を目の当たりにしている。一九九〇年代にワールドワイドウェブが誕生して以来、破壊的技術が我々の枠組みを大きく揺るがしてきた。そうした新しい技術はさらに発達を加速させ、二〇五〇年までに我々の仕事のおよそ半分を奪うだろう。サン・マイクロシステムズを共同創業したコンピューター科学者、ビル・ジョイの言葉を借りると、「もはや人間を必要としない」未来が迫っている。つまりは、我々は人間として何者であるのかを定義し直し、どのような未来の社会に住みたいのか、どういう社会を作りたいのかを決めざるを得ないということだ。二〇世紀を通してさまざまな種類の独裁を経験した我々は、今、テクノロジーの独裁時代に入ろうとしているのだろうか。これは、深い溝を覗き込んだときに突きつけられる問いの一つである。

言い換えれば、我々は地球が、社会的一体性が、人間性の本質が攻撃にさらされている時代に生きているのだ。少し大げさに聞こえるかもしれない。しかし私は、今という時代の重要性を強調するにはこれでも足りないと思う。

では、希望はどこにあるのか。我々の時代の最大の希望の源は、ますます多くの人々、特に若い世代が、三つの断絶は三つの個別の問題ではないことに気づきはじめていることだ。それらは基本的に、**一つの同じ**根本的な問題の三つの異なる顔なのだ。それは何か。盲点《ブラインドスポット》である。

盲点

リーダーシップ、マネジメント、社会変容には盲点がある。我々が日々社会で経験することにも盲点はある。盲点とは、我々が行動したり、コミュニケーションを取ったり、認識したり、考えたりするとき、それらを行わせている内面の場――源《ソース》――のことだ。何をするか（結果）は見ることができる。どのようにするか（プロセス）も見ることができる。しかし、誰が、つまり我々の行動を起こさせている内面の場、あるいは源にはふつう気がついていない（図2）。

どういうことか説明しよう。私は、長い間ハノーバー保険のCEOを務めたビル・オブライエンと話しているときに、この盲点に出合った。長年、根本からの変革を導いてきた経験から、ビルは彼の最も素晴らしい洞察を次のように表現した。「**介入が成功するかどうかは、介入者の内面の状況にかかっている**」

ビルの言葉で私の思考は開かれた。リーダーが何を、どのようにするかだけでなく、彼らの「内面の状況」、つまり内なる源も重要なのだ。

私は、ビルが深い次元（源）のことを指していることに思い至った。我々の行動、コミュニケーション、認識を生み出している源、我々が新しい未来の可能性を感じ取り、それとつながることを可能にする源のことである。

我々の意識の向け方の質は、毎日の社会的経験の中ではほとんど隠された次元だ。それは組織、制度、あるいは個人の生活のいずれでも起きているのにである。

図2　リーダーシップの盲点

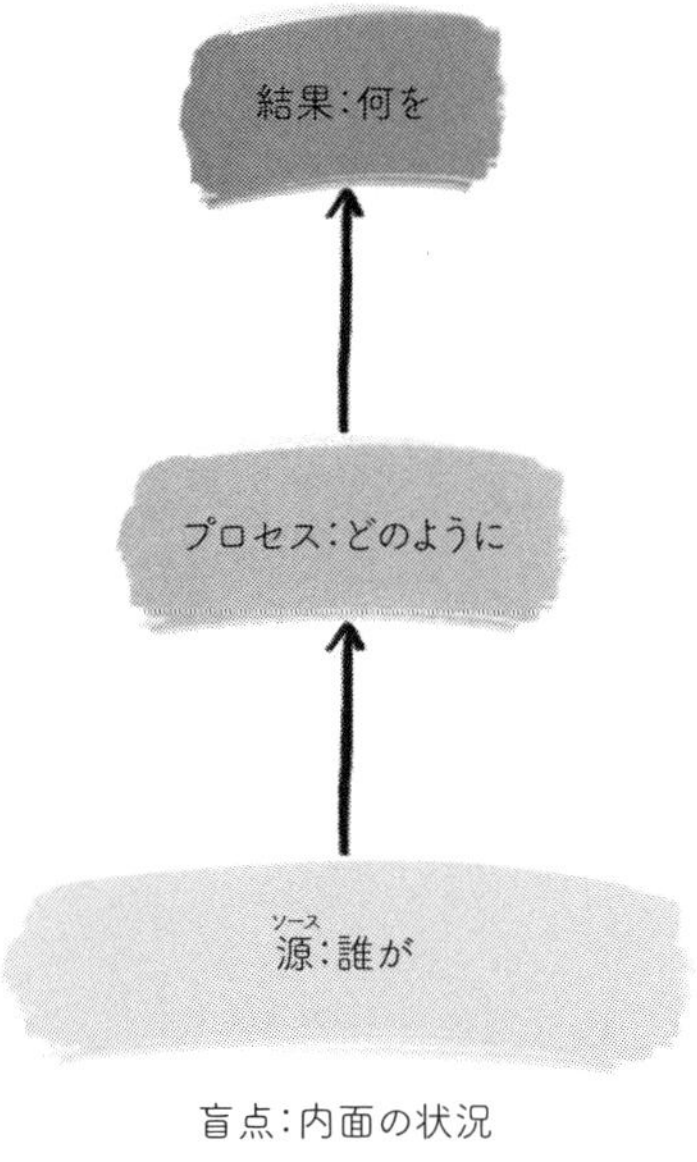

日常生活を送るとき、ふつうは自分が何をしているか、どのようにしているか、つまり自分が使っているプロセスはわかっている。だが、自分の行動がどこから起きているかと尋ねられたら、ほとんどの人は明確に答えることができないだろう。私は自分の研究で、この行動と認識を生じさせるところを**源**と呼びはじめた。

空白のキャンバスの前で

ビル・オブライエンとの会話を振り返るうちに私は、我々が毎日、目に見えるレベルと見えないレベルの両方で交流していることに気づいた。この点の理解を助けるために、芸術家の仕事を考えてみよう。

芸術は、少なくとも三つの視点から見ることができる。

- 創造のプロセスの結果として生まれる**モノ**——たとえば絵——に焦点を合わせる。
- 絵を創造しているときの画家のプロセスに焦点を合わせる。
- あるいは、**空白のキャンバス**の前に立っている瞬間の画家を観察する。

言い換えれば、それが生み出されたあと、生み出されている間、あるいは創造が始まる前の芸術を見ることができるわけだ。

変革を導くことにこのたとえを当てはめれば、チェンジ・メーカーの仕事も同じような三つの角度から見ることができる。まず、リーダーやチェンジ・メーカーが何をするかを見ることができる。多くの本がこの観点から書かれてきた。次に、どのように、つまりリーダーが用いるプロセスを見ることができる。マネジメントとリーダーシップの研究は、二〇年以上にわたってこの視点を使ってきた。

しかしこれまで、空白のキャンバスの視点からリーダーの仕事を系統立てて見ることはなかった。我々にはまだ発してこなかった問いがあるのだ。それは、リーダーやチェンジ・メーカーは実際にどの**源**から行動しているのか、という問いだ。たとえば、私はどんな質の聞き方、どんな質の意識の向け方で、状況に臨んでいるだろう？　そして、その質はどのように次から次へと行動を変えているだろう？

三つの断絶についての議論は次のようにまとめられる。環境的断絶は**小さなｓの自己**（ｓｅｌｆ）と**自然**との分断から生じ、社会的断絶は**小さなｓの自己**（ｓｅｌｆ）と**他者**との分断から生じるが、精神的断絶は**小さなｓの自己**（ｓｅｌｆ）と**大きなＳの自己**（Ｓｅｌｆ）との分断、言い換えれば**今日**の私と**明日**なるかもしれない私、私の最高の未来の可能性との分断から生じる。

ＭＩＴに着いて

二四年ほど前にドイツを出てＭＩＴにやって来たとき、私の目標は、どうすれば社会に変革をもたらそうとする人たちが、次々に襲ってくる破壊的混乱が突きつける大きな課題によりよく対処できるようにすることができるかを学ぶことだった。当時、新しく創設されたＭＩＴ組織学習センター（ＯＬＣ）には、『学習する組織――システム思考で未来を創造する』★の著者、ピーター・センゲの指揮の下、エド・シャイン、クリス・アージリス、ドン・ショーン、ビル・アイザックスをはじめとする、ＭＩＴとハーバードの第一線のアクション・リサーチ研究者のユニークな集団が参集していた。この本は、こうした素晴らしい同僚や友人のネットワークやサークルに加え、そのほかの組織や場所で貴重な協力者と働いてきた機会に深く触発され、できあがったものだ。

今日、自分の旅を振り返ってみると、盲点を探る私の旅は三つの大きな洞察と学びに方向づけられてきたことがわかる。

出現しつつある未来から学ぶ

最初の洞察はかなり単純だ。学習には二つの異なる源から学ぶ方法がある。（１）**過去**を振り返ることによって学ぶことと、（２）**現れようとしている未来**の可能性を感じ取り、実現させる

★　ピーター・M・センゲ『学習する組織――システム思考で未来を創造する』（枝廣淳子、小田理一郎、中小路佳代子訳、英治出版、2011年）

ことによって学ぶことである。

伝統的な組織学習の手法はすべて、過去の経験を振り返ることによって学ぶという同じ学習モデルに基づいている。しかし私は、現実の組織でほとんどのリーダーが過去を振り返るだけでは対応できない課題に直面するのを何度も見た。過去の経験があまり役に立たないことがあるのだ。チームが新たな視点で状況を見るのを妨げる障害そのものであることもある。

言い換えれば、過去から学ぶことは必要だが、それだけでは十分ではない。すべての破壊的混乱を巡る課題は、我々にそれ以上のことを求めている。ペースを落とし、立ち止まり、変化を牽引するより大きな力を感じ取り、過去を手放し、出現したがっている未来を招き入れるよう求めているのだ。

出現しつつある未来から学ぶには、何が必要だろうか。私がこの質問をしはじめたとき、多くの人はぽかんとして私を見た。「未来から学ぶだって? いったい何のこと?」質問からして間違っているという人も多かった。

しかし、二〇年以上にわたって私の研究の旅を導いてきたのはその問いだった。人間がほかの生き物と違うのは、出現しつつある未来とつながることができるという点だ。我々はそういう存在なのだ。過去のパターンを打ち破り、新しいパターンを大きな規模で作り出すことができる。これができる種は地球上でヒトだけだ。たとえば、ハチは非常に高い集団的知能で組織されているかもしれないが、組織化のパターンを変えるという選択肢は持っていない。しかし、人間は持っている。

別の言葉で言ってみよう。我々には二つのまったく異なる時間の質と流れにかかわる才能がある。一つ目は、基本的に過去の延長である現在という瞬間の質だ。現在の瞬間は、これまでに起きたことによって形作られている。二つ目は、未来の可能性の場への入り口の役割を果たす現在の瞬間の質だ。この場合の現在の瞬間は、出現したがっているものによって形作られる。そういう質の時間は、もしつながることができれば、最高の未来の可能性を**プレゼンシング**することで機能する。プレゼンシングというのは、sensing「感じ取る」とpresence「存在」を合わせた語で、最高の未来の可能性を感じ取り、実現することを意味する。どんな破壊的混乱に対処するときにも、最も重要なのは、この二つ目の時間の流れである。その流れとのつながりがなければ、我々は破壊的混乱をともに形成する側になるどころか、その被害者になりがちだからだ。

個人として、組織として、エコシステムとして、我々はどうすればこの第二の流れとつながることができるのだろうか。その答えの探索が、過去二〇年にわたる私の研究の旅を導いてきた。そして、私は、異なる種類のプロセスを使う**深い学習サイクル**を描くようになった。我々をシステムの縁に連れ出し、最も深い知の源とつながらせ、行動によって未来を探索するよう促すプロセスである。この深い学習サイクルは、職業生活にも個人としての生活にも応用できる。たとえば私は一六歳のとき、出現しつつある未来の可能性の場に引き寄せられるとはどういう感じなのかを、身をもって経験した。

火事

その朝いつものように学校に出かけたとき、それがドイツの実家――築三五〇年の大きな農家――を見る最後だとは思いもしなかった。学校でもいつも通りに過ごしていた。午後一時に先生から呼び出され、家に帰るよう言われるまでは。何が起こったのか想像もつかなかったが、何か良くないことだと感じた。いつものように一時間電車に乗ると、駅からタクシーに飛び乗った。家に着くずっと前から、大きな灰色や黒の煙が空いっぱいに立ち昇っているのが見えた。農場へ向かう長い道をタクシーが進むにつれて私の心臓は破裂しそうになった。近所の人や地元の消防団や警察官がいるのがわかった。私はタクシーから飛び降りて、集まっていた人々の間をすり抜け、栗の木の並木道の最後の半マイルを走った。農場に着いたとき、目を疑った。生まれてからずっと我が家だった家は崩れ落ち、煙の中に消え去っていた。

目の前の炎を現実のものとして呑み込みはじめると、足元が崩れ去るような気がした。私が生まれ、育ち、青春の日々を過ごした場所は消えてなくなった。ただ炎の熱さを感じながら呆然と立ち尽くしていると、時間の進み方が遅くなるのを感じた。そのとき、火事で焼かれてしまったものに自分がどれほど愛着を抱いていたか思い知らされた。自分だと思っていたものはすべて失われてしまったのだ。いや、すべてではないかもしれない。自分という存在のある小さな部分はまだ残っていると感じたのだ。誰かがまだいて、この光景を見ていた。これはいったい誰だというのか。

　その瞬間、自己のもう一つの次元の存在に気がついた。それまでその存在に気づいていなかった次元。私の未来の可能性につながる次元である。そのとき私は、自分が実際の体より上のほうに引き上げられたように感じ、その高みから眼下の光景を眺めはじめた。これまでにないほど明晰になった意識の中で、心が静まり、広がっていくのを感じた。私は自分がこれまで考えていたような人間ではないということに気づいた。私のほんとうの自己は、焼け跡でくすぶっているもの、物質的な所有物に執着してはいなかった。そして突如悟った。ほんとうの自己はまだ生きている！　見ていたのは、この「私」だった。これまで知っていた「私」よりもっと生気にあふれ、もっとはっきり覚醒していて、もっとしっかり存在していた。私はもう、物にとらわれてはいなかった。何もかもなくした私は解き放たれ、より軽く自由になり、別の次元の自己に出会うことができた。その自分が私を未来へ、私の未来へ、私が実現するのを待っている世界へ連れていってくれた。

　翌日、八七歳になる祖父が農場を訪れた。祖父は一八九〇年に生まれたときからずっとその家に住んでいたが、火事の一週間前に病気で入院していた。農場に帰るのは最後かもしれなかった。祖父は最後の力を振り絞って車から降り、後片付けをしている父のところにまっすぐやってきた。そして、そこかしこにくすぶっている残り火にも気づかないかのように、父に歩み寄ると、父の手を取ってこう言った。「顔をあげて前を見るんだ、息子よ」。そして二言、三言、言葉を交わすと、きびすを返し、待たせていた車で戻っていった。その数日後、祖父は静かに息を引き取った。

人生の最後の一週間に、一生をかけて育んできたものの多くを火事で失った祖父は、それでも喪失に反応するのではなく、現れようとしている未来に目を向けることができていた。この事実は私に深い印象を残した。

私がようやく自分の最上の仕事に取りかかったのは、それから何年もたって、過去からではなく出現する未来から学ぶことを研究しはじめてからだった。しかし今となれば、その種は、この経験をした若いころに蒔かれていたことがわかる。

器《コンテナー》を作る

「人はよく『人間には〜と〜の二つのタイプがある』と言うが、私はそれが嫌いでね」。ある日、私のMITでのメンターであるエド・シャインがこう言った。そして、かすかな微笑みを浮かべてこう続けた。「でも、ほんとうに人間には二つのタイプがあるんだ。プロセスを理解している人と、理解していない人だ」

エドは正しい。**プロセス**を理解するとは、社会的関係がどう作られるかを理解することである。利害関係者の間の関係を、たとえば機能不全的なものから互いに助け合う関係に変えたい場合、そうするよう人に命令するだけではだめだ。社会的現実の創造プロセスのもっと上流に介入しなければならない。その関係の作られ方を、あるモードから別のモードへ、たとえば、反応型から共創造型に変える必要がある。

同様に、創造性の「源」のレベルについても、二つのタイプの人がいると言える。器《コンテナー》について理解している人と、理解していない人である。器作り《コンテナービルディング》は、良い保持空間《ホールディングスペース》を作ることを意味するファシリテーター用語である。組織では、そのことを理解できないCEOや経営幹部をよく目にする。スピーチをしてツールを組織に押しつけるだけで、行動に変化を起こすことができると考えているのだ。ツールは重要だが、過大評価もされている。よく見えるからだ。しかし、目に見えないすべてのものは、たいてい過小評価されている。たとえば、良い保持空間のあまりよく見えない要素である、意図、意識の向け方、深い聞き方の繊細な質がそうだ。良い器を作るということは、**生成的な社会的プロセス**を起こすための良い保持空間を作るという意味である。

変革にまつわる通常の言語やツールキットの多くは、せいぜい部分的にしか有効ではない。例として、「変化に向けて人々を駆り立てる」という言い方を考えてみよう。自分の家族に、彼らの相互関係をある状態から別の状態へと、どれくらい「駆り立てて」ほしいか聞いたことがあるだろうか。それでうまくいくのなら万々歳だが、現実には、深い変革を導こうとするとき、一人の人が別の人の変化をどれだけ「駆り立て」てもほとんど意味がない。これは間違ったメタファー、間違ったアプローチである。私がもっと役に立つかもしれないと思うのは、農夫のメタファーだ。

ここで三つ目の学びが登場する。そして私のルーツにも戻る。

社会的な場

私はドイツのハンブルクに近い、八〇〇年前から続く農家に生まれ育った。両親は六〇年前に従来の工業的な農業技術（殺虫剤、除草剤、化学肥料を使う）をやめて、有機農法（農場の生きた生態系《エコシステム》を涵養することに集中する）に替えることを決断した。毎週日曜日になると、両親は私や兄弟を**フィールドウォーク**へ連れ出した。農場にあるすべての畑を巡り歩くのだ。ときおり父は立ち止まって、かがみ込み、畦から土の塊をつかみ上げ、中身を見て地質や構成の違いを知る方法を教えてくれた。父によれば、土壌の質はそこに含まれる数多くの生物の集合、一立方センチメートルの土壌に生息する何億という有機体によって決まる。これらの生物が存在しているおかげで大地が呼吸し生きた有機体として進化することができる。

私の家族がフィールドウォークのときに行ったように、本書は読者を同じような旅へと誘うものだ。ときおり立ち止まって事例やデータを調べ、「社会的な場」の深い構造をよりよく理解できるようにしよう。そして、有機農業を営む農夫が生きている土壌の質を全面的に頼るのと同じように、社会のパイオニアは生きている社会的な場の質を頼りとする。私は**社会的な場**を、思考、会話、組織化のパターンを生じさせ、その結果、現実的な結果を生み出す関係の質と定義している。

また、農夫が早く成長するよう植物を「駆り立てる」ことができないのと同じように、組織やコミュニティのリーダーやチェンジ・メーカーは、具体的な結果を生み出すよう強いることはできない。その代わりに、土壌の質を改善することに注意を集中する必要がある。社会的な土壌の質とは何だろう。それは、集団としての行動と具体的な結果を生み出す個人、チーム、組織の間の関係の質である。

振り返ってみると、過去四〇年の私の旅は、社会的な場を育む旅であったことに気がつく。両親は農場の畑を育んだ。同僚や私は社会的な場を育んでいる。もし読者がマネジャーや教育者、企業家、社会的起業家、パフォーミング・アーティスト、医療専門家、親、活動家であるなら、社会的な場を育むことは、おそらくあなたの仕事でもあるだろう。

ここで紹介した深い経験と社会的な場のレベルは、運動《ムーブメント》や新しい事業、あるいは深い変革を起こすことに携わっている人にとってはなじみがあるものだろう。私の場合、まず一九七〇年代末から一九八〇年代にかけての環境、グリーン、反核、平和運動に参加し、後に新しいタイプのグローバルな社会的企業として、プレゼンシング・インスティテュートの創設にかかわった。本書のあとのほうで、こうした経験の一部を詳しく紹介する。ここで心に留めておいていただきたいのは、こうした経験はどれも、ユニークでも特別でもないということだ。

逆に、実際にはそれらは、多くの人が経験しているきわめてふつうのことなのだ。火事を経験した私が一瞬、自分の体を離れたのと同じように、それらはたしかに読者を「既成の枠の外に」連れ出してくれる。だが我々の多くは、一見して気づくよりもはるかによくこういう経験をしているのだ。

第2章

U理論――形は意識に従う

U理論は個人、グループ、組織が、その最高の未来の可能性を感じ取り、実現するにはどうすればよいかに焦点を当てる。

読者はおそらく哲学者、ルネ・デカルトの有名な言葉「我思う、ゆえに我あり」を知っているだろう。しかし、U理論の観点では、それが出発点ではない。U理論の視点から言うなら、**我（このように）意識を向ける、ゆえに**（このような）**結果が生じる**となる。たとえば、私の聞き方の質が会話の展開をともに形作る。あるいはもっと一般的に言えば、社会システムにおける結果の質は、そのシステムの中の人々の行動を生じさせている**意識**に左右される。この考え方を一言で表現すれば、**形は意識に従う**となる。

システムにそれ自体を観させる

この二〇年ほどの間に、私はこれが起きるのを数百回は見たに違いない。大小のグループが、お互いを、システムを、そして自分自身を観て、感じ取り、つながり合うその方法に対する気づきが微妙に変化していくのを。

図3はここで取り上げる考え方の変化を表している。システムを「向こうのほう」にある何かと見る見方（図3a）から、自分自身を含む視点からシステムを見る見方（図3b）に変化している。

個人のレベルでこの変化が起きるとき、それを**マインドフルネス**と呼ぶ。マインドフルネスとは、**自分の意識に意識を向けながら**今という瞬間の経験に意識を向ける能力である。同じ変化がグループに起きたとき、それを**対話**と呼ぶ。対話は人が互いに話をすることではない。対話とは、**システムがそれ自体を観る能力**である。自らのパターンを見ること、自らの前提を見ることだ。

その能力はもちろん、**システム思考**――システムにそれ自体を観させること――のエッセンスでもある。あるいは、U理論に基づいたシステム変革の文脈で言うように、**システムにそれ自体を感じ取らせ、観させること**である。

図３ａ　向こう側にあるシステムを見る（アンドレアス・グラデルトの作画より翻案）

図３ｂ　観察の視線を曲げてシステムと自分を見る（アンドレアス・グラデルトの作画より翻案）

変化を起こそうとするとき、仕事の大きな部分を占めるのが、人々を「縦割り思考の見方」からシステムの見方へ——あるいは、我々の言い方では、**エゴ**システムの気づきから**エコ**システムの気づきへと変えさせることである。

事実、私が最も驚くのは、そのような気づきの変化が起こりうる状況をどれほど確実に作り出せるかということだ。人為的に作ることはできない。一片の金属を外からハンマーで叩くように形を作ることはできないのだ。しかし、グループや組織やシステムが、出現しようとする全体から自分自身を感じ取り、観ることができるような内と外の状況を作り出すことはできる。

多くの人が私にこう尋ねる。実際にはどうやってUの枠組みを考えついたのですか、その始まりは何ですか、と。この章では、U理論の起源を明らかにする短い物語とアイデアを紹介する。引用したすべてのインタビューは、プレゼンシング・インスティチュートのウェブサイトのDialogue on Leadershipのセクションに掲載されている（www.presencing.org）。

観る瞬間

一九九四年にMITに来てまもないころ、私は『フィールドブック 学習する組織「5つの能力」——企業変革をチームで進める最強ツール』★の共著者、ピーター・センゲとリック・ロスがファシリテーターを務めた組織学習の講義を実況中継で参観した。聴講生の質問に答えて、ロ

★　ピーター・センゲ他『フィールドブック 学習する組織「5つの能力」——企業変革をチームで進める最強ツール』（柴田昌治、スコラ・コンサルト監訳、牧野元三訳、日本経済新聞社、2003年）

スはホワイトボードにシステム思考の「氷山モデル」を描き、次の三つの言葉を書いた。

構造
プロセス
メンタルモデル

これらの言葉を見て私は二つのことに気づかされた。一つは、組織の変化はいくつかの異なるレベルで起こるということだ。もう一つは、ホワイトボードに書かれた三つのレベルの下に、おそらく四番目のレベルが必要なのではないかということだ。三つの言葉を書き留めると、私は頭に浮かんだ**源**を四番目のレベルとして書き加えた。後に私はその四番目のレベルを「プレゼンシング」と呼びはじめた。

その後まもなく、私はこの四つのレベルをUのイメージに結びつけた。人はUの左側を表面から源へ、異なるレベルの認識（投影する、感知する、認識を感知する、直感）を区別しながら降りていき、その後Uの右側を、異なるレベルの行動（思い描く、具現化する、具体化する）を経て上がっていく。

私がUの形を使ったのは、第一に、氷山の異なるシステムレベルを明らかにする**プロセス**を描くことに興味があったからだ。二番目の理由は、何年も前にほかの二つの場所でUの別のバージョンを見ていたからである。一つはオーストリアの組織開発と紛争解決の専門家、フリードリヒ・グラスルの著作の中である。彼のモデルでは、Uを使ってアイデンティティや人、政治のさまざまなレベル、そして組織の技術的・物理的領域を区別していた。私が進化の原則として描かれたUを見たもう一つの場所は、二〇世紀初頭の教育者で社会改革者でもあったルドルフ・シュタイナーの著作においてである。ルドルフ・シュタイナーの著作が大きなインスピレーションの源になったのは私だけではない。グラスルにとってもそうだった。だから、進化的思考としてのUプロセスの発案者とされるべきは、ルドルフ・シュタイナーだ。急進的な社会改革者であったシュタイナーは、今も人々に影響を与えつづけている。彼が行った制度的イノベーションには、ヴァルドルフ学校（シュタイナー学校）、バイオダイナミック農法、統合医療、現象学的科学、瞑想による自己開発などがある。

プロセス――三つの動き

ＭＩＴに来て四年半が過ぎた一九九九年初頭、私は良き友で『シンクロニシティ――未来をつくるリーダーシップ』★の著者であるジョセフ・ジャウォースキーと、カリフォルニア州パロアルトにあるゼロックスＰＡＲＣ（パロアルト研究所）に向かっていた。シリコンバレーの真ん中にある研究施設だ。今日でもなお多くの人が史上最も創造的であったと考えるチームをかつて擁

★　ジョセフ・ジャウォースキー『シンクロニシティ［増補改訂版］――未来をつくるリーダーシップ』（金井壽宏監訳、野津智子訳、英治出版、2013年）

していた場所である。そのチームはレーザー印刷、イーサネット、今日のパーソナルコンピューター、グラフィカル・ユーザー・インターフェースなどの、後に数兆ドル規模の産業に成長する基幹技術を生み出した。皮肉なことに、親会社であるゼロックスはこうした発明を十分に活用することはなかったが、ほかの人がそれをした。スティーブ・ジョブズである。アップルの台頭は、基本的には彼がゼロックスPARCで見たあらゆる重要なアイデアを寄せ集めた結果であった。それはさておき、話を進めよう。

我々はW・ブライアン・アーサーと会った。彼はサンタフェ研究所の経済学プログラムを創設し、率いていたが、ゼロックスPARCにも研究室を持っていた。アーサーは、今日のビジネス界の経済構造の変化について話しはじめた。「新しく生まれつつあるパターンを認識してそれに適応していけば、ほんとうの力を得ることができる」と彼は言った。

そして続けて、認知の二つの異なるレベルについて語った。「ほとんどの場合、意識の領域にとどまるふつうの認知活動が行われているが、認知にはもっと深いレベルが存在する。そこでは理解するという言葉よりも『知《ノウイング》』という言い方のほうがふさわしい。たとえば、私がシリコンバレーのどこかに送り込まれ、問題というほどではないが、複雑でつねに変化している状況があって、何がどうなっているのか知ろうとしているとしよう。私はまず徹底的に観察する。それから一歩後ろに退くんだ。うまくいけば内面の深い場所にある何かに触れることができる。そこから『知《ノウイング》』が浮かび上がってくる」

彼はさらに続けた。「じっと待って、経験が何か適切な形になって現れるのを待つんだ。何かを決定する必要はない。何をすべきかは自ずと明らかになる。急かせても無駄だ。そしてそれは自分の由って来るところ、自分はどういう人間なのか、ということに大きく左右される。これは経営にも大いに関係がある」そしてこう付け加えた。「要するに、自己を自己たらしめている内面の源が大切だということだ」

彼が言ったことは、ビル・オブライエンやほかの多くのイノベーターから聞いていた話と深く響き合うものだった。リーダーは盲点《ブラインドスポット》と向き合い、自らの行動を生み出す内面の場に意識を向ける必要がある。アーサーとの会話から二つの非常に大切な洞察を得た。一つは、認知には通常の認知（思考の枠組みをダウンロードするレベル）と、より深い「知《ノウイング》」があるということ、そしてもう一つは、この深いレベルの「知《ノウイング》」を活性化するには、アーサーが語ったシリコンバレーのたとえ話にあるような次の三つのプロセスを経なければならないということだ。

- 徹底的に観察する――最も可能性が高い場所とつながる
- 一歩退いて内省する――内なる知が現れるに任せる
- プロトタイプ――「今」という瞬間に現れたものから行動する

ジョセフとの帰りの飛行機で、私はUの形を描き、ブライアン・アーサーが話していた三つの動きを書き込んでみた（図4を参照）。

深い領域を描く

数カ月が過ぎた二〇〇〇年一月、私は認知科学者、フランシスコ・ヴァレラにパリで会う機会を得た。ヴァレラは認知の盲点と脳の研究について語った。「問題は脳や生理学の知識が不足していることではない」と彼は言った。「経験についての知識が不足していることが問題なのだ……西洋文明には盲点が存在する。このような問題に取り組むための系統的なアプローチがないのだ。**誰もが経験についてはわかっていると思っているが、私はそう思わない**」

そして、ヴァレラはこう問いかける。「人は気づきを得るというコア・プロセスを一つの能力として育むことはできるのだろうか」。そのコア・プロセスは、ヴァレラによれば「気づきを得る三つの動作――**保留**《サスペンション》、**視座の転換**《リダイレクション》、

図4　Uプロセス――3つの動き

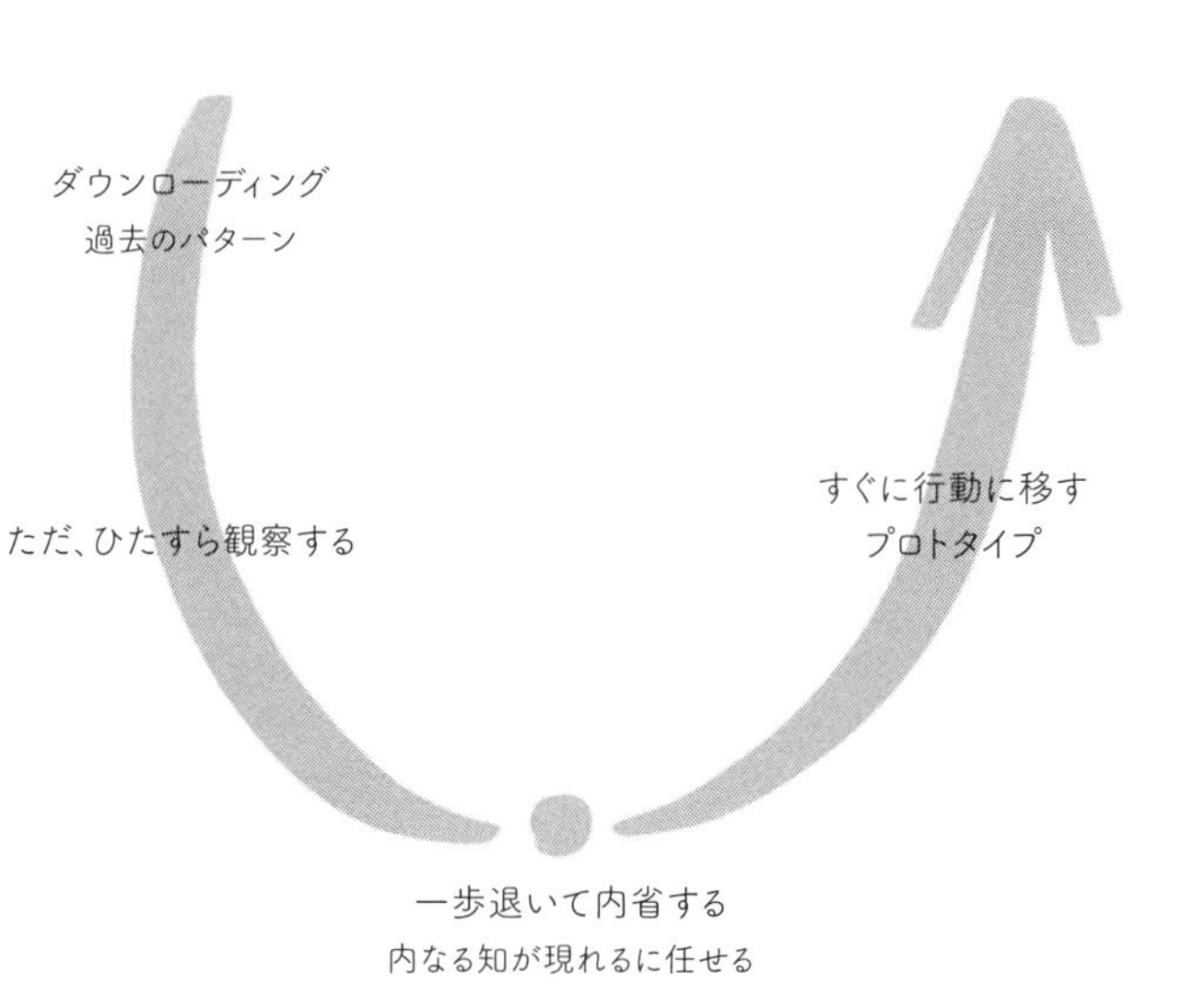

手放す《レッティングゴー》」で構成されている。

我々はこの三つの動作を一つずつ検証していった。ヴァレラは次のように説明した。「**保留**とは、習慣的なパターンを保留することだ。仏教の瞑想では座禅を組んで日常のしがらみから一段上のレベルに上がり、そこでもっと俯瞰的な視点を得ようとする」。しかし、多くの人が瞑想しても何も起こらないと言う。なぜだろうか。「瞑想しても何も起こらないことを許容する必要がある。保留は非常に奇妙なプロセスだ。そこを耐えることこそが重要だ」

ヴァレラは次に二番目と三番目の動作について説明してくれた。**視座の転換**とは、意識を「外側」から「内側」に向けること、つまり対象に注目するのではなく、思考プロセスを生み出している源《ソース》に注目することだ。そして簡単に**手放す**ことが大切だ、と彼は忠告した。

ヴァレラの話に耳を傾けているとき、私はこの三つの動作をそれまでにも見ていたことに気がついた。ほかのファシリテーターもそうだろうが、私はグループとチーム作業をしているときにそれを何度も目撃していた。ヴァレラのオフィスを出るとすぐに、これらの動作がU曲線のどこに該当するのかが目に浮かんだ。図5はそれを表したものだ。U曲線の左側では、上から下へと気づきの深い層に向かい、右側にはそれに対応するものが下から上に向かって描かれている。

U曲線は時間に対する二つの異なる見方を統合したものだ。Uの形は東洋の循環的な見方への敬意を表し、矢印は進歩に対する西洋の直線的な見方を示唆している。環境危機が示すように、これらの見方はいずれも等しく現代の問題に関係がある。図5はこの二つの見方を統合し、**U理**

論のコア・プロセスと、世界に意識を向け、ともに形作る七つのやり方を示している。このプロセスを経る人はみな、次に記すような認知の社会的な場《ソーシャルフィールド》の微妙な変化を体験する。

- **ダウンローディング**——最初に、ダウンローディングを超えて、つまり過去のパターンを引き延ばすことを超えて、我々を動かす火花のような気づきの瞬間がある。ダウンローディングから行動している限り、世界は我々の古い思考習慣と過去の経験によって凝り固まる。新しいものが思考に入ってくることがない。これまでと同じである。
- **観る**——習慣的な判断を**保留**すると、我々は新しい目を得て目覚める。新しいものに気づき、世界を自分の外側にある対象の集まりとして見る。つまり観察者になる。
- **感じ取る**——対象から源へと**意識の方向**を変える

図5　U理論——意識の向け方と共形成の七つの形

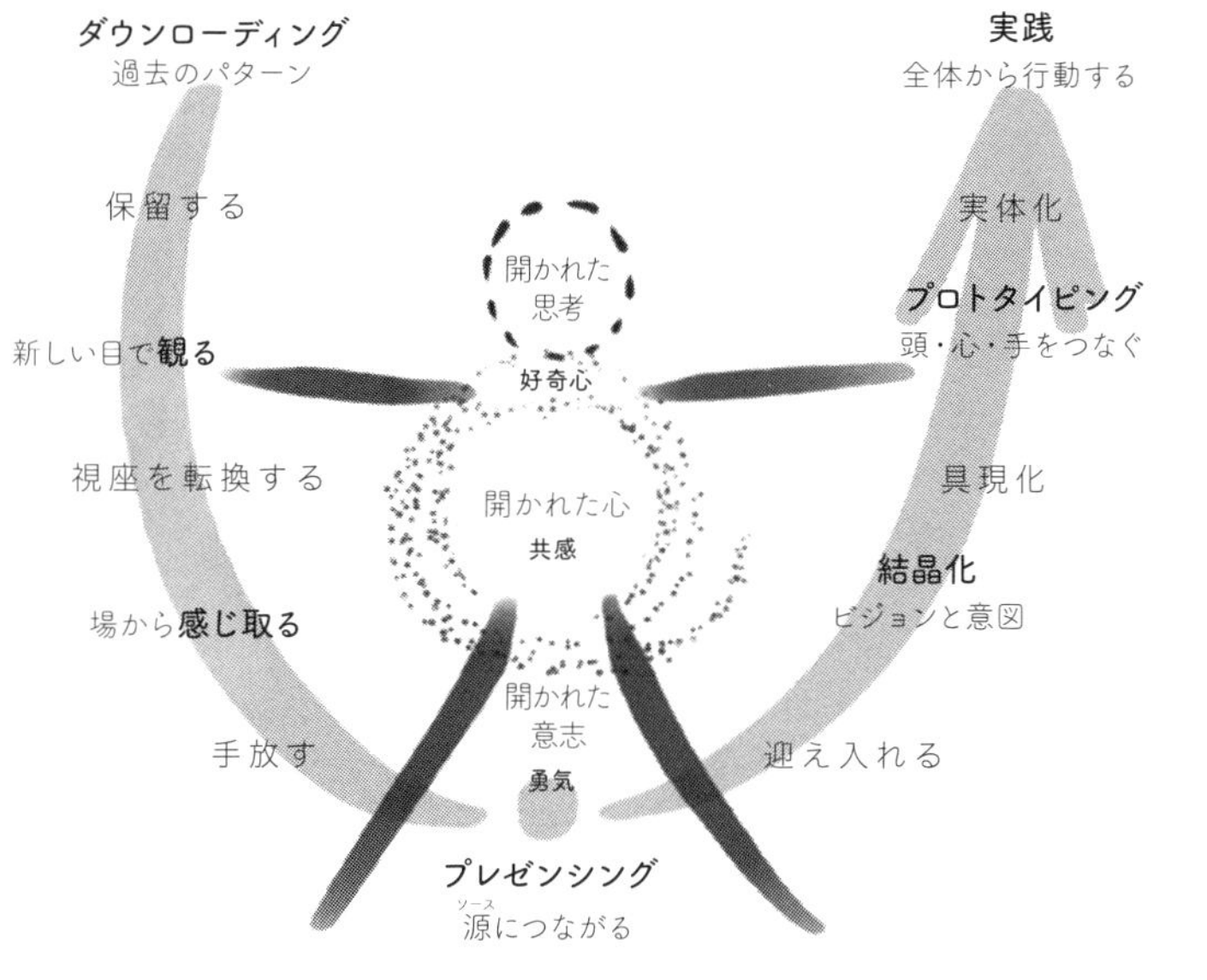

と、認識は広く、深くなる。この転換は観察の視線を曲げて観察者自身に向ける。観察者と観察の対象との境界が開かれる。

- **プレゼンシング**——静寂の時間に入ると、古いものを**手放し**、自分を取り巻く未来の可能性の領域とつながる。観察者と観察の対象との境界が崩れ、未来が現れる場ができる。
- **結晶化する**——ビジョンと意図を**迎え入れ**、結晶化すると、観察者と観察の対象の関係が転換しはじめる。そして、未来の場から（自らのエゴからではなく）ビジョンを描きはじめる。
- **プロトタイピング**——プロトタイプを**具現化**しながら、行動することで未来を探ってゆく。具現化は「宇宙と対話する」ところから（自らのエゴからではなく）起きる。
- **実践する**——自分たちの実践法やインフラを進化させることによって新しいものを**具体化**すると、観察者と観察の対象の関係は完全に転換する。具体化はより大きなエコシステムの状況から（組織の小さなｓの自己からではなく）起きる。

まとめれば、Ｕ理論の最初の重要な考え方の一つは、ブライアン・アーサーとの会話から生まれた**三つの動き**——観察する、一歩退く（つまり静寂）、行動する——であり、もう一つはフランシスコ・ヴァレラとの会話から生まれたもっと細やかな**七つのポイントからなるU曲線**だ。そして、三つ目の洞察と重要な考え方は、内なる知を得るための手段に関するものである。

内なる知の三つの手段

U理論の核心は、ビル・オブライエンが語っていた介入者の内面の次元に関するものだ。ここで私はこの内面の領域を、開かれた思考、開かれた心、開かれた意志という三つの手段（図5）の観点から要約したい。

開かれた思考は判断の古い習慣を保留する——新しい視点でものを見る能力である。**開かれた心**は共感する能力、誰かほかの人の目を通して状況を観る能力である。**開かれた意志**は古いものを「手放し」、新しいものを「迎え入れる」能力である。

聞き方の例

聞くことはリーダーシップの技術としておそらく最も過小評価されているものだろう。リーダーシップが大失敗した例はたくさんあるが、ほとんどの場合、その根本には、リーダーが自分の周りの「VUCA」の世界、つまり変動性（volatility）、不確実性（uncertainty）、複雑性（complexity）、曖昧さ（ambiguity）を特徴とする世界とつながり、理解することができないという事実がある。

しかし、聞き方が重要なのはリーダーシップにおいてだけではない。良い聞き方ができなければ、どんな分野でもほんとうに熟達することはできない。

我々が手助けしてきた何百回ものワークショップやプログラム、イノベーションの旅で最もよく返ってきた感想は、聞き方を変えれば人生も変わる、というものだ。聞き方、意識の向け方を変えるというのは、ほんの小さな変化に聞こえる。しかし事実はこうだ。聞き方を変えることは、どのように関係と世界を経験するかを変えることを意味する。それを変えれば、それこそ**すべて**を変えることができる。

人々がいかに素早く聞き方と意識の向け方を変えることができるかには、ほんとうに驚かされる。しかし、これにはたしかに努力が必要である。実践、見直し、同僚からのフィードバック、そしてさらなる実践の繰り返しだ。より良い聞き手になるためには、まず聞き方の四つのタイプ（図6）を理解する必要がある。

聞き方の四つのタイプは、思考、心、意志を開くという根底にある原則を反映している。

- **ダウンローディング**――聞くのはすでに知っていることの再確認に限られる。自分を覆う膜を突き破る新しいものは何もない。
- **事実に着目した聞き方**――データに語らせ、すでに知っている知識とは違う事実に気づく。そのためには、開かれた思考、つまり判断の習慣を保留する能力が必要だ。
- **共感的な聞き方**――ほかの人の目で状況を見る。そのためには心を開くこと、つまり自分の感情と心をほかの人の見方に同調するための器官として使うことが必要だ。

● **生成的な聞き方**——何か新しいものが生まれ出るための空間を保持しながら最高の未来の可能性が現れるのに耳を傾ける。

レベル1の「ダウンローディング」で聞いているとき、意識の矛先はほかの人の発言ではなく自分自身の内面のコメントに向けられている。たとえば、次に何を言おうかと考えているかもしれない。ダウンローディングから事実に着目した聞き方（レベル1から2）への敷居を越えるとき、意識は自分の内面の声を聞くことから、目の前にいる人が言っていることをほんとうに聞くことへと移行する。

事実に着目した聞き方から共感的な聞き方（レベル2から3）への敷居を越えはじめると、聞くことが起きている場は、自分から相手へと——つまり自分の小さな媒体（頭の知性）からより大きな媒体（心の知性）へと移る。相手の観点に入り込むのだ。たとえば、「うーん、賛成はできないかもしれないけど、彼女がこの状況をどう見ているかは

図6　聞き方の4つの領域

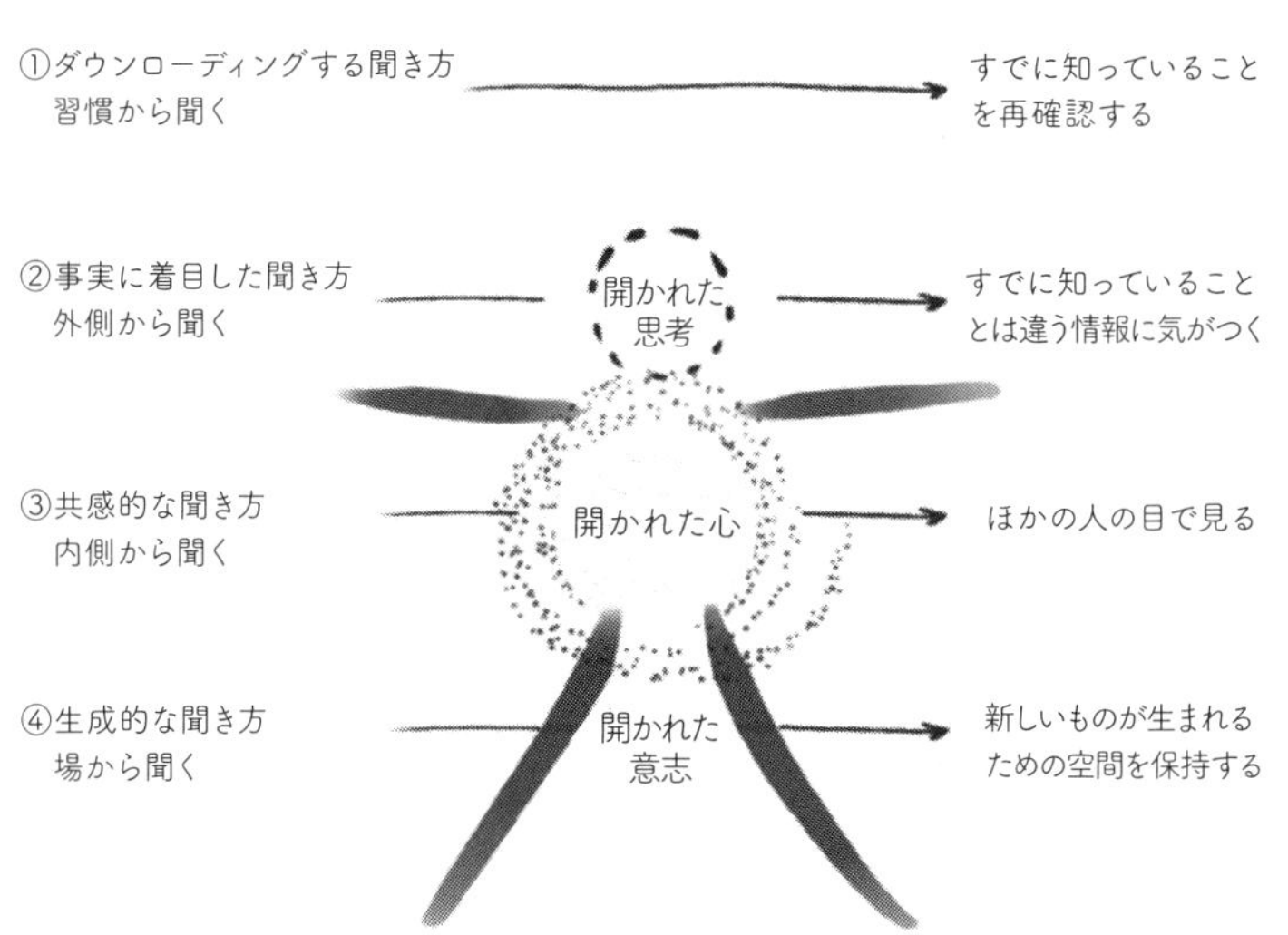

わかる」というふうに考えるかもしれない。

最後に、共感的な見方から生成的な見方（レベル3から4）への敷居を越えると、聞くことは、新しい何かを、生まれたがっている現実にするための保持空間になる。

私が仕事を通して学んだことは、リーダーシップと変革の仕事の成功は、リーダーが自分の聞き方の質を観察し、それぞれの状況の必要に応じて調整する能力にかかっている、ということだ。

Uの左側を下りる旅に現れる三つの敵

聞き方の深い領域を旅する人が少ないのはどうしてだろう。それは、盲点である内面の状況を照らし出すには意図的な内面の作業が必要であるからだ。Uの底で創造性の源とつながるには三つの門、あるいは敷居を通り過ぎることが求められる。**この旅が困難なのは、こうした門が**（アメリカ人として言うなら）**三つの「敵」**、あるいは（ヨーロッパ人として言うなら）**三つの「内なる抵抗の声」に守られているから**だ。この三つそれぞれが、より深い領域への入り口をふさごうとする。

最初の敵は開かれた思考への門をふさごうとする。スタンフォード大学のマイケル・レイはこれを「評価・判断の声（VOJ）」と呼ぶ。あらゆる創造的活動のテクニックは、「評価・判断の声を保留せよ」という指示で始まる。これは決定的に重要な出発点である。なぜなら、そうしないと開かれた思考の創造的な力が遮断されてしまうからだ。

二番目の敵は開かれた心への門をふさごうとする。これを「諦め・皮肉の声（VOC）」と呼ぼう。これは物事から距離を置こうとするあらゆる感情の動きを表している。開かれた心を持とうとするときのリスクは何か。自ら進んで、ほんとうに開かれた、傷つきやすい立場に身を置かなければならないことだ。これは物事から距離を置くことの反対である。

三番目の敵は、開かれた意志への門をふさごうとする「恐れの声（VOF）」だ。恐れの声を聞くと、我々は今持っているもの、今の自分を手放すことができない。物質的な損失をこうむるかもしれないし、仲間外れになるかもしれない。時には死の恐怖もある。しかしこうした恐れの声と向かい合うことこそ、今日のリーダーシップの本質である。そして古いものを手放し、新しいものを迎え入れる、あるいは歓迎するための空間を保持するのだ。

「リーダーシップ」という語のインド・ヨーロッパ語の語源をたどれば、「前へ進む」「敷居を越える」あるいは「死ぬ」という意味の leith に行きつく。このことについてよく考えてみよう。**リーダーシップの語源は「死ぬ」という意味なのだ。**何かを手放す必要があるとき、まさしくそう感じることがある。しかし我々はこの二〇年で次のようなことを学んだ。新しい何かが現れ、「未来の場」が形を取りはじめるには、その前に深淵な内面の敷居を越えなければならない。

Uを上ることを妨げる二つの障害

いったんUの底で敷居を越えると、Uの右側を上るには欠かせない二つの大きな課題がある。最初の課題は、**思考を伴わない行動を避ける**ことである。思考を伴わない行動とは、学ぶことをせずに抽象的なアイデアをやみくもに導入することだ。二番目の課題は最初の課題とは逆に、**行動を伴わない思考を避ける**ことだ。「分析麻痺」ともいう。分析麻痺はおそらくすべてのプロトタイピングの最大の敵だろう。行動しながら未来を探る代わりに、延々と議論しつづける。つまり、最も大きな二つの課題は、行動を伴わない思考と思考を伴わない行動を避けることだ。

このように、Uの両側で最も重要な能力は「そこにとどまる」ことだ。飛び込んであまりにも頻繁に介入したり、退いてほかの方向を向いたりしてはいけない。「そこにとどまる」とは、まだほとんど存在していない何かが生まれることのできる空間を保持すること、新しい何かが生まれ育つための保持空間を作り、進化させることだ。

プレゼンシングと不在化《アブセンシング》

最後に、U理論の七番目の考え方だが、これはプレゼンシングと不在化の相互作用に関するものである。世界にはかなりの量の**プレゼンシング**があることはわかっている。プレゼンシング

図7　2つの社会的な場、2つのサイクル、不在化とプレゼンシング

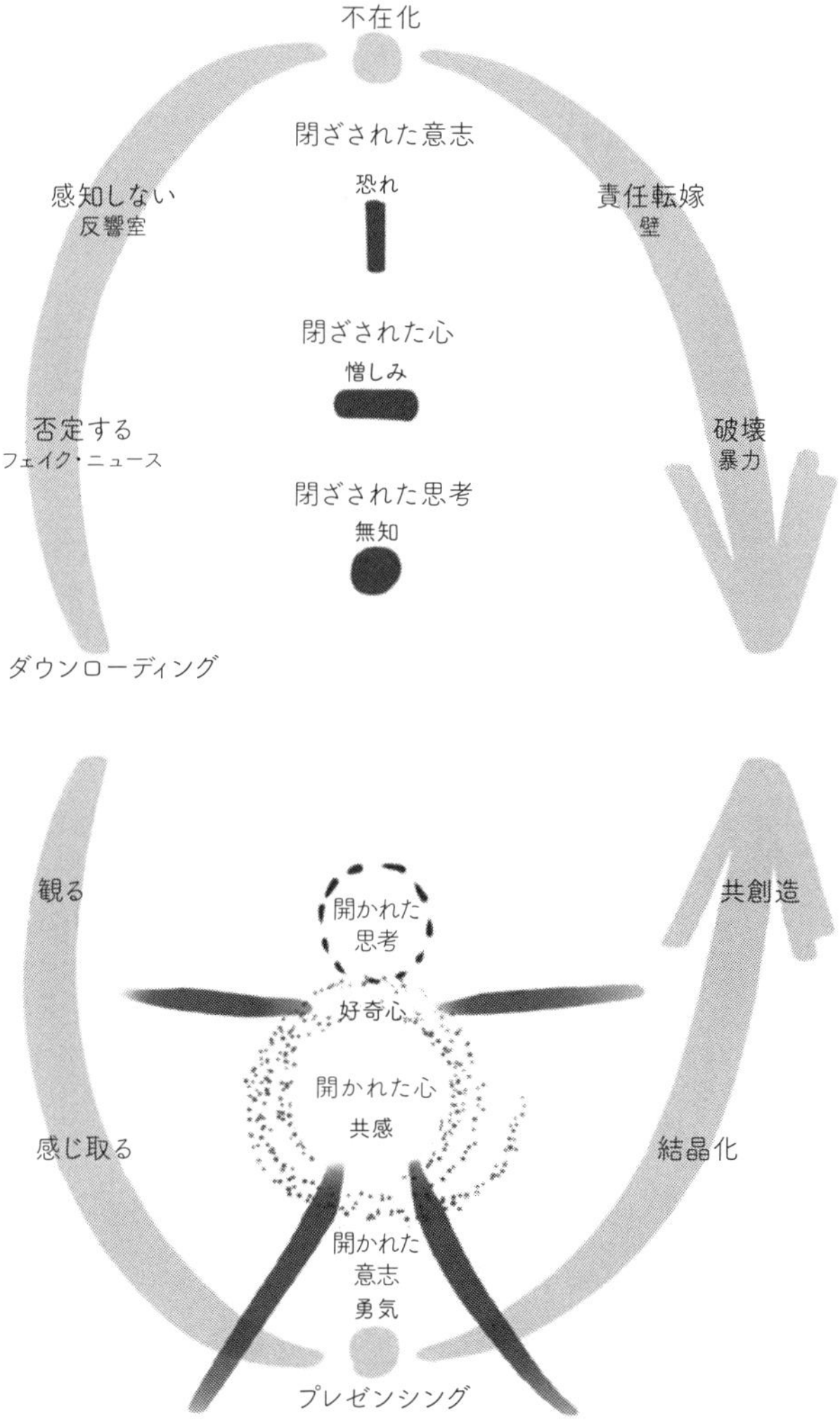

は、自分の最高の未来の可能性を感じ取り、実現することだ。ほとんどの人は特別な瞬間にこれを経験している。こういう種類の活動がかなり頻繁に起きるネットワークや、コミュニティ、場所を知っている人は多い。しかしほとんどの人は、今の時代のもう一つの特徴が、激化する**不在化**——プレゼンシングの逆——であることを迷わず認めるだろう。図7は前述の三つの「敵」を次のように少し修正して示したものである。

- 無知——思考を閉ざす（「一つの真実」にとらわれている）
- 憎しみ——心を閉ざす（「一つの我々対彼ら」にとらわれている）
- 恐れ——意志を閉ざす（「一つの意志」にとらわれている）

以上のような原則で動いている社会システムには何が起きるだろうか。壁を築いて**分離の構造**を作り出してしまう。周りの世界からの分断（否定、感知しない《ディセンシング》）、出現しつつある世界からの分断（不在化）を進め、その結果、責任転嫁（内省する能力の欠如）や（信頼、関係、自然、自己の）破壊をもたらす。この**不在化のサイクル**を描いたのが図7の上半分である。

図7の下半分に描かれた**プレゼンシングのサイクル**は次の三つに基づいている。

- 好奇心——思考を開く

- 共感――心を開く
- 勇気――意志を開く

これらの原則に基づいて動く社会システムは、分離の壁を崩す**つながりの構造**を具現化する。

社会的な場《ソーシャルフィールド》

不在化のサイクルとプレゼンシングのサイクルは、二つの異なる社会的な場を表現している。不在化のサイクルは破壊と社会の冷たさの場を表す。プレゼンシングのサイクルは共創造と社会の温かさの場を表す。どちらの場も自己強化の傾向がある。たとえば、いったん不在化のサイクル、破壊の社会的力学の中に入ると、そこから抜け出すのはとても難しい。

しかし今日、ほとんどの人、ほとんどの組織や大きなシステムが、二つの場の間で引き裂かれる経験をしている。プレゼンシングの場は、多くの画期的なチームやコミュニティ、共感に基づく社会運動が経験しているものだが、不在化の場も同じように、今の時代の大きな特徴である。事実、公的会話の空間、既存メディアやソーシャルメディアの全空間は、プレゼンシングではなく不在化の巨大な増幅装置となっている。二〇一六年のアメリカ大統領選では、フェイスブックに流れるフェイク・ニュースや邪悪な書き込みが、怒りや恐れ、憎悪、人種差別主義を掻き立て――これらにはロシア政府やアメリカの億万長者が資金を出していた――、ドナルド・トランプを後押しした。これは、テクノロジーが倫理的に健全な意図をもって使われないと、ソーシャルメディアが有害な影響力を持ってしまうことをよく表す例である（フェイスブックでは本物のニュース・サイトの記事よりフェイク・ニュースの記事のほうが多く共有されていることが、バズフィードなどで広く報告されている）。

ここで問われる質問は、もちろんこうだ。プレゼンシングのサイクルと好奇心と共感と勇気の社会的な場を増幅する仕組みを作るにはどうすればいいのか。有益なテクノロジーとソーシャルメディアを設計し、創造するにはどうすればいいのか。これらの問題は本書の最後の二章で改めて取り上げる。その際、二〇一八年に始動するハフポストとプレゼンシング・インスティチュートの素晴らしい共同イニシアティブについても紹介する。

第3章 社会進化のマトリックス

私が得た最も重要な知見の一つは、学習とリーダーシップには盲点があるということである。この盲点は我々の行動と認識を生み出している源に関係がある。**U理論の手法の狙いは、これらの行動と思考の源へ意識を向けさせることだ**。我々が刻々と具現化している社会的複雑性の世界を創り出しているのは、我々自身の思考、会話、組織化のパターンである。では、社会的現実を創り出しているプロセスに分け入って理解するにはどうすればよいのだろう。社会的現実創造の瞬間をとらえるにはどうすればよいのだろう。

社会的な場の文法

物理学では、物質が一つの状態から別の状態に変化すると、振る舞い方が変わるということを学ぶ。たとえば水は温度が氷点（摂氏０度）以下になると氷になる。熱を加え温度が摂氏０度以上になると氷は解けて液体の水になる。加熱しつづけ、温度が摂氏一〇〇度以上になると水は蒸発して水蒸気になりはじめる。三つの状態のどれにおいても、水の分子（Ｈ２Ｏ）は同じだが、まったく異なる振る舞い方をする。ほかの物質も同じだ。分子は同じだが、振る舞い方は変わり得る。

社会的な場でもこれと同じようなことが見られる。グループやシステムの集合的な行動がある一つのパターン（たとえば不在化）から別のパターン（たとえばプレゼンシング）に変わると、システムの中の個人は同じでも、その人たちのつながり方が根本的に変わる。つまり、グループとその成員は、どちらももう前と同じではなくなるのだ。

そのような相互作用のパターンを一つの状態から別の状態に変えるにはどうすればいいのだろう。ビル・オブライエンは介入がうまくいくかどうかは介入者の内面の状況にかかっていると言ったが、それが正しいとすれば、**リーダーシップは行動を起こさせている内面の場を転換させる能力**ということになる。そうすることによって、我々は社会的な場の状態を転換させているのだ。正確にはどういうことが起きているのだろう。

社会進化のマトリックス

最初の答えは、我々が集団的に具現化している社会的現実創造の言語のパターンを**観る**ことを学ぶところから始める、ということだ。それがこの章の焦点である。Uは単なるプロセスではない。マトリックスまたは場として機能する非直線的な場の理論なのだ。

社会的な場は、我々が集団的に具現化している社会システム——たとえば、チーム、グループ、組織、あるいは社会システム——を**源の観点から**描き出す。「社会的な場」という用語は、社会システムの内部性に光をあて、これらのシステムを外側から（三人称の見方で）と内側から（一人称の見方で）描く。社会システムが相互作用の一つの状態から別の状態へと移行する**内面の状況**を探るのである。

長年グループや組織と仕事をする中で、私はシステムのすべてのレベルに**社会的な場の四つの典型または質**が存在することを見出した。ミクロからムンドまでの四つである。これらは社会進化のマトリックスとしてまとめることができる（図8）。

図8をじっくり見てみよう。ここにはこの章のエッセンスが簡潔に表されている。この地図に描き出されているのは、我々を方向づける社会システムの形と質の大枠だ。

横軸──システムのレベル

マトリックスの四つの段はそれぞれ個人、グループ、組織、システムの行動を表している。社会的な場はこれらすべてのレベルで、四つの基本的な行動の形、つまり意識を向ける（ミクロ）、会話をする（メソ）、組織する（マクロ）、調整する（ムンド）を通して具現化される。この四つの行動を通して、我々は人間として集団的に自分たちの生きている現実を作り出しているのだ。二〇世紀の前衛芸術家ヨーゼフ・ボイスの言葉を借りると、これらの行動は我々が地球規模の「**社会的彫刻**」を作り出し、生きている様子を表している。

縦軸──意識のレベル

縦の軸は社会的現実の四つの状態あるいは質を表している。四種類の聞き方を覚えているだろうか。古い習慣をダウンロードする、思考を開いて

メソ：会話をする	マクロ：組織する	ムンド：調整する
ダウンローディング 丁寧に話す	中央集権的 トップダウン	1.0 ヒエラルキー
討論 強く主張する	分権化 部門別構造	2.0 競争
対話 問いかける	ネットワーク化 利害関係者	3.0 利害関係者間の対話
集団的創造性 フロー	エコシステム 共創造	4.0 ABC 気づきに基づく集合的行動

事実に耳を傾ける、などである。縦軸は、聞き方の質を四つの異なる意識の領域《フィールド・オブ・アウェアネス》の状態——習慣的、エゴシステム、共感的、生成的——に区別していて、それぞれの気づきの状態には特徴的なパターン、つまり領域がある。

- **領域1——習慣的**。個人、グループ、組織は、習慣的な意識の領域で行動するとき、現在の状況を自分たちの過去の経験と習慣に基づいて解釈している。
- **領域2——エゴシステム**。個人やグループが過去の前提を保留し、物事を「あるがままに」見ようとしはじめると、観察者と観察の対象を明確に区別する主体-客体の意識の状態に入る。新しい何かに気づきはじめる。
- **領域3——共感的-関係的**。システムの中の人が自分たちの意識の向かう先を対象物

図8　社会進化のマトリックス

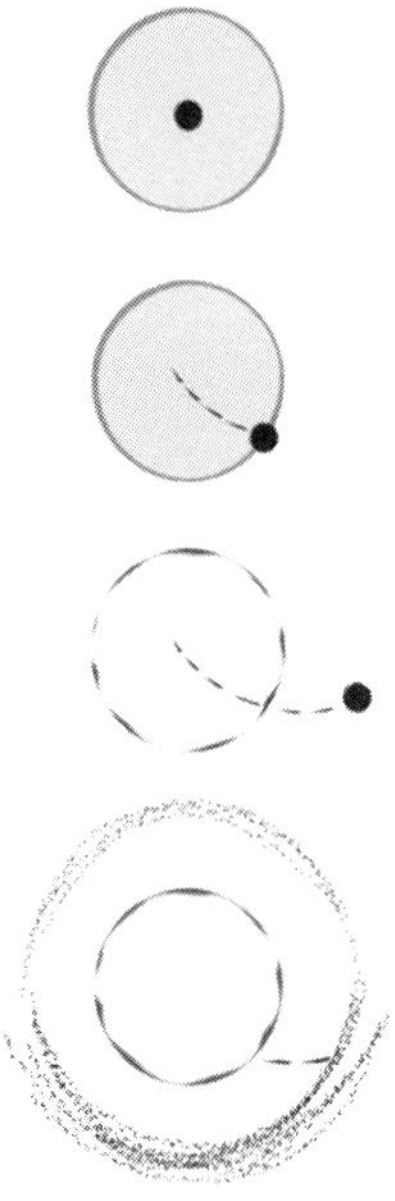

	意識の向け方／領域	ミクロ：意識を向ける
	領域1 習慣的	ダウンローディング 習慣的
	領域2 エゴシステム	事実に着目する 思考が開かれている
	領域3 共感的-関係的	共感的 心が開かれている
	領域4 生成的なエコシステム	生成的 存在が開かれている

から源に変え、共感的な意識の状態に入ると、ほかの利害関係者の観点から現実を感じ取るようになる。新しい視点から物事を見はじめる。

- **領域4——生成的なエコシステム**。古いアイデンティティを手放すと、共創造的な意識の新しい空間が開かれる。優れたダンスや音楽のアンサンブル、スポーツのチームは、そのような共有された意識から生まれる行動をしばしば**フロー**と呼ぶ。彼らは出現したがっている未来の最高の可能性というところからともに創造しているのだ。

今度は図9のアイコンを見てみよう。**源**の位置が点で表されていて、それがシステムの境界を示す円の内側から外へと移動していく。これらのアイコンは四つの意識の構造、つまり行動と意識が世界に生じる四つの方法を示している。

- **領域1——習慣的**。私の行動は私自身の境界の内側から起きる（私の中の私）。私の反応は外側の出来事によって引き起こされ、私の過去の習慣によって形作られる。
- **領域2——エゴシステム**。私の行動は私のシステムの周縁部から起きる（それの中の私）。外部のデータを分析して対応する主体‐客体の意識から生じる。
- **領域3——共感的・関係的**。私の行動は私の境界の向こう側から起きる（あなたの中の私）。それは私のコミュニケーションの相手である他者の行動を起こさせている場所から生じる。

図9　4つの意識構造

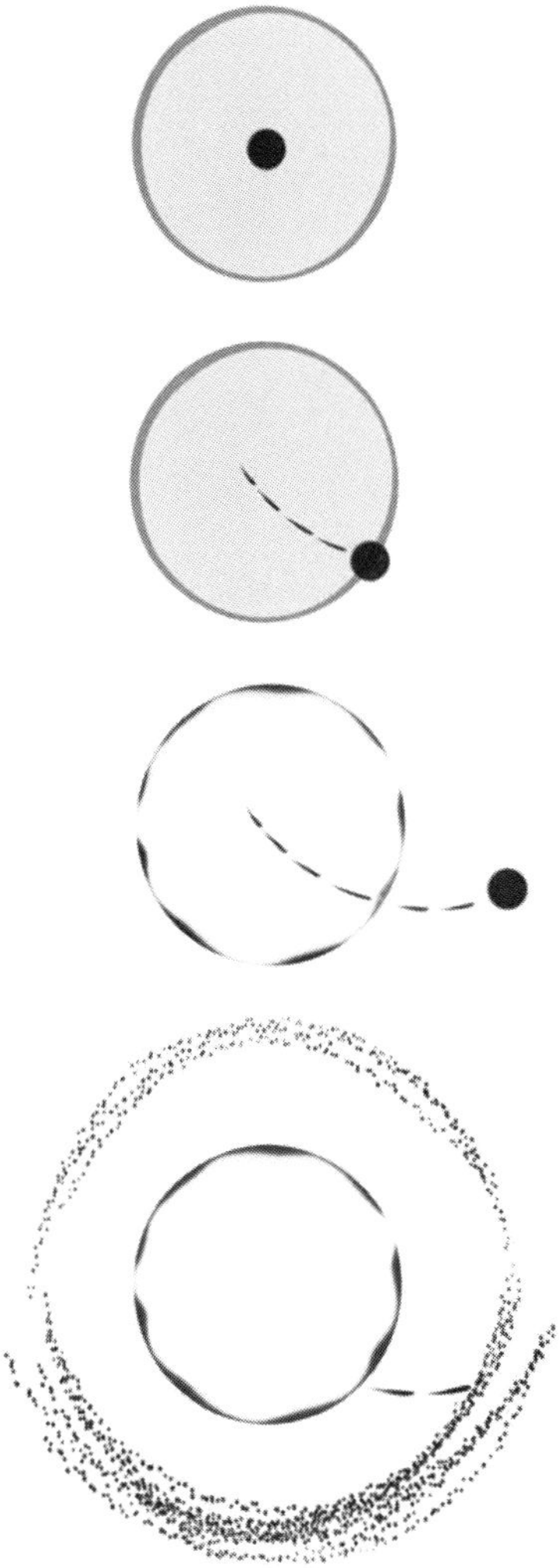

1. 習慣的
（私の中の私）

2. エゴシステム
（それの中の私）

3. 共感的 - 関係的
（あなたの中の私）

4. 生成的
（今の中の私）

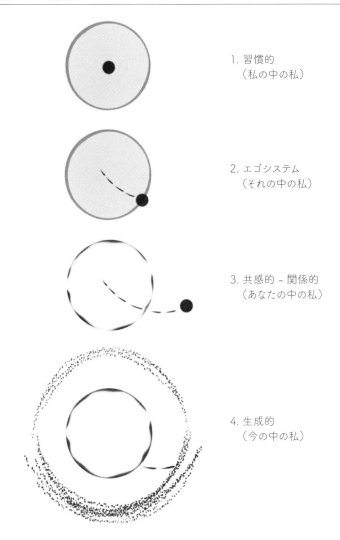

- **領域4——生成的エコシステム**。私の行動は開かれた私の境界を取り囲む領域から起きる（我々の中の私／今の中の私）。未来の可能性をプレゼンシングすることから生じる。

あらゆる社会的な行動はこれら四つの源、または意識の構造の一つから生じる。つまり、システムの**内側**から、**周縁**から、**外側**から、**それを取り巻く領域**から、のどれかである。我々を取り巻く社会的現実を見ると、ほとんどの場合、個人やグループ、組織は最初の二つの状態あるいは段階から行動している。しかし偉大なリーダーや心を揺さぶる演者、破壊的イノベーションの推進者、高業績のチームなどは、直面する状況の**必要に応じて**四つの状態／段階のすべてを行き来しつつ、社会的な場の**すべての領域**から行動していることが多い。

画家の作品をさまざまな視点から見ることができるように、社会的な行動も完成された絵の視点から（レベル1と2）、プロセスの視点から（レベル3）、あるいは真っ白なキャンバスまたは源の視点から（レベル4）見ることができる。

源を求めて

意識の向け方の四番目の状態、今の中の私を表す話をしよう。ある日、私はアルプスのフェックス谷をハイキングしていた。スイスとイタリアの国境近くに延びる小さな谷で、哲学者のフリードリッヒ・ニーチェが著作の場に選んだシルスマリアに隣接している。この地域は三つの大河の分水界になっているので、ヨーロッパでも特別な場所である。ライン川が北西に流れ、イン川が北東に流れ、ポー側が南に流れている。私はイン川を源流までたどることにした。上流へと歩いていくうちに、川の源流までさかのぼったことなどそれまで一度もなかったことに気がついた。事実、大きな川の源がどんなふうになっているのか、私はまるで知らなかった。

　川幅はどんどん狭まり、ついにちょろちょろ流れるだけの細い流れになってしまった。まもなく、私はゆったりと広がる谷の窪みで小さな池のほとりに立っていた。氷河に覆われた山々の頂が周囲を取り巻いている。私はそこに立ち、耳を澄ませた。驚いたことに、私は周囲の山々から流れ落ちる無数の滝の輪の真ん中にいたのだった。滝は想像を超える美しい音でシンフォニーを奏でていた。川には単一の起点はなかった。源は私の周りにあった。周囲の山々から流れ落ち、小さな池の生態系《エコシステム》に流れ込んでいた。私のそばにあるこの池が源だろうか。それとも源は、私の周りでシンフォニーを響かせている滝の連なりの中にあるのだろうか。四番目の意識の構造（図9）が具体化し、描いているのはこういう種類の周囲の領域である。

意識を向ける

　私の意識の向け方が、私の周りの社会的現実がどのように展開するかを方向づける。**私が（このように）意識を向けたから、（こういう）結果が生まれる**のだ。なぜだろう。それは**エネルギー**

は意識に従うからだ。リーダーとして、イノベーターとして、チェンジ・メーカーとして、あるいは親として、あなたが意識を向けたところに、あなたの周りのシステムのエネルギーが——あなた自身のエネルギーも含めて——向かう。

エネルギーは意識に従うという原則が正しいなら、我々は意識の向け方に注目し、その質を高めなければならない。我々はみな、テクノロジーとマルチタスキングが集中した意識を維持する能力を妨げる文化に生きている。意識を維持する能力の最大の敵は、もちろん我々のポケットの中にある。助けてくれるかと思うと、次の瞬間には邪魔をするスマートフォンだ。机の上にスマートフォンがあると、伏せてあって実際に見ていなくても、脳の働きが悪くなることが研究で示されている。

エネルギーは意識に従うとは、優れたリーダーシップと画期的なイノベーションの鍵は意識を維持することにある、という意味だ。しかし、それがすべてではない。U理論の観点から、我々は、何に——我々が意識を向ける対象——だけでなく、源——我々の意識が生まれるところ——にもそれ以上に注目する。

これまでに四つの異なる聞き方のタイプを紹介した。それぞれの聞き方は次に挙げる異なる源から起きている（図6）。

- 私の過去の経験から——習慣的な聞き方

- 私の開かれた思考から――事実に着目した聞き方
- 私の開かれた心から――共感的な聞き方
- 私の開かれた意志から――生成的な聞き方

リーダーシップの本質が我々の行動を起こさせている内面の場を変える能力にあるのなら、我々は状況によって四つのタイプの聞き方すべてから行動する集団的な能力を身につける必要がある。

どうすればこの能力を身につけることができるのだろう。実践によってである。日々、実践するのだ。

ダウンローディングする聞き方。会議に出席していて、そこで起こるすべては予想していたことを確認するだけのような場合、ダウンローディングを行っている。ダウンローディングは良くも悪くもない。ある状況では適切かもしれないが、別の状況ではそうでないかもしれない。聞き方の一つのタイプにすぎないのだ。しかし、この聞き方しか知らず、あなたが破壊的な変化を遂げている環境で活動している場合、問題に突き当たるのは目に見えている。

事実に着目した聞き方。ダウンローディングから事実に着目した聞き方に移行するのはそれほど難しくはない。最も驚かされること、最も意外なこと、最も興味深いことに意識を向ければよい。好奇心を育て、従来の期待から外れるあらゆること（つまり、反証データ）に意識を向けるのだ。そして、こういう観察結果をたとえば日誌に記録して、忘れないようにしよう。

共感的な聞き方。事実に着目した聞き方から共感的な聞き方に移行するには、ほかの人の視点に入り込む必要がある。このステップには、ほかの人を愛し、心の知性を活性化することが求められる。それが難しいときもある。そういう場合は、相手の中に心から興味を惹かれることや、評価できることを探すところから始めればよい。このような方法で心の「スイッチを入れる」ことは、共感的な聞き方の源を活性化するのに役立つ。

生成的な聞き方。共感的な聞き方から生成的な聞き方に移行するのは最も難しい。それを強いることはできないが、生成的な聞き方をしやすい状況を作ることはできる。このレベルで最も重要な介入は、「何もしないこと」である。介入してはいけない。退いてもいけない。そこに留まり、出現したがっているもののための空間を保持《ホールド》するのだ。

私はよく思うのだが、会話にとって聞くこととは、金属片にとっての溶接の炎のようなものだ。これを状況や物に短時間だけ適用すると、何が起こるだろう。何も起こらない。ところが、その炎を金属片に向けつづけてしばらくすると、金属の状態は固体から流体に変わる。突然、金属を違う形に成形できるようになるのだ。会話でも同じことが起きる。深い聞き方を続けていくと、そのうち会話は深いレベルに、異なる状態に降りていく。

会話をする

聞き方は、人が自分を取り巻く社会的現実にどういうふうに意識を向けているかが表れる例である。しかし、マトリックスの全景に話を戻そう。次のシステムのレベルでの行動は会話である。**会話は世界を創り出す**。我々がグループや組織、社会として対処する世界だ。

1. 会話は場で起きる。つまり、グループの会話は一定のパターンに従う傾向があり、そのパターンはめったに変わらない。
2. 会話の場のパターンは数種類しかない。つまり、会話が社会的な状況で創り出せる質は数種類しかないということだ。私が観察してきた四つの段階または質を図10に示した。**ダウンローディング**（領域1）、**討論**《ディベート》（領域2）、**対話**《ダイアログ》（領域3）、そして**集団的創造性**または**プレゼンシング**（領域4）である。

図10　会話の4つの領域

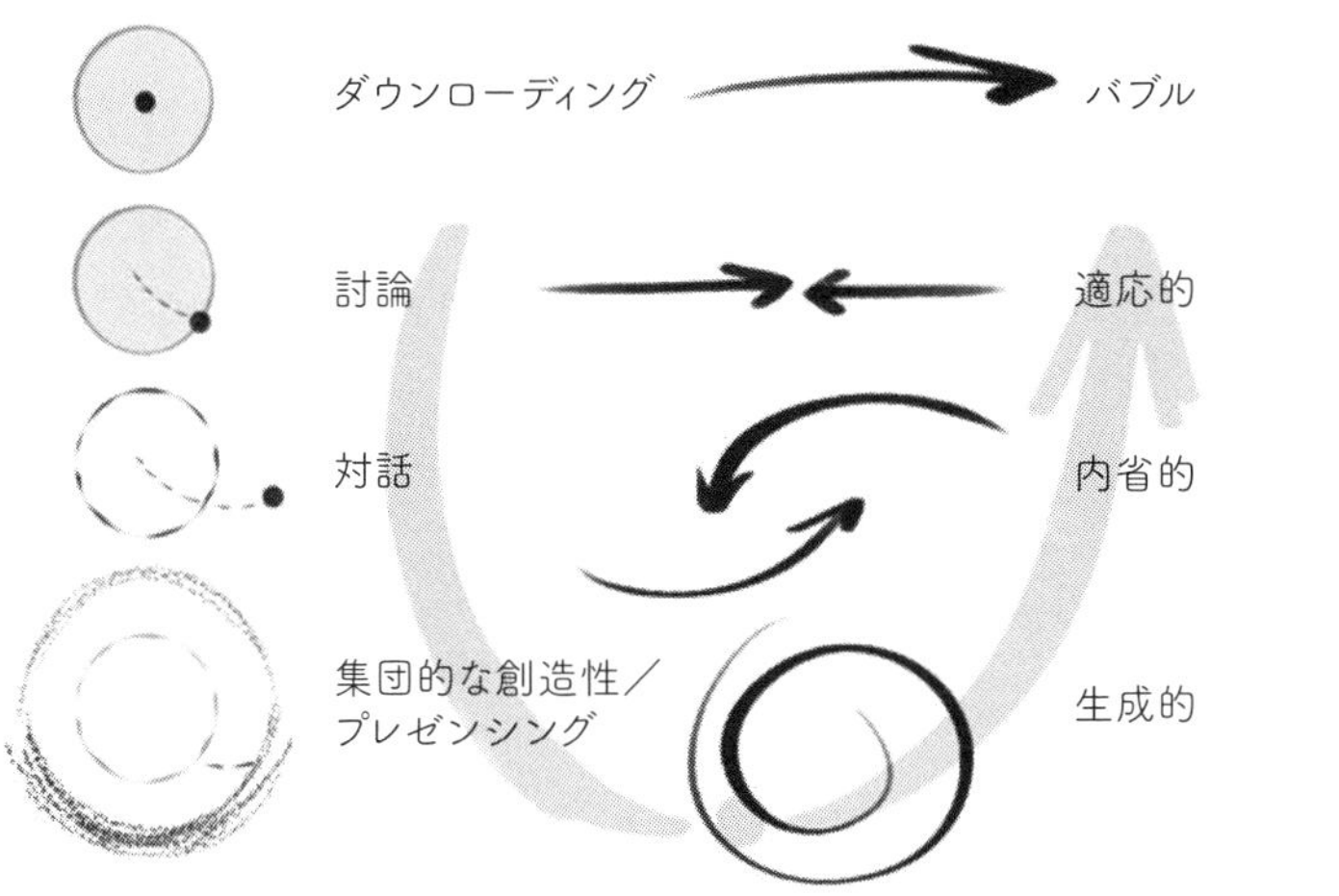

リーダーシップの技術《アート》とは、特定の文脈と状況の必要に応じて、会話がある段階から別の段階へ移行するよう促すことである。

ダウンローディング――領域1から会話を具現化する

「お元気ですか?」「おかげさまで元気にしております」

組織における改まった会議の多くは、このような儀礼的な言葉を使って進められる。この種の会話でうまく効果を発揮するためには、参加者は実際に心の中にあることを言うのではなく、礼儀正しい言葉を交わすといったその場の支配的なパターンに従う必要がある。学校では、生徒は教師が求めている答えを述べることを学ぶ。後には上司との関係や組織の中で昇進していくために、この同じスキルを使う。個人にとって役に立つのなら、それの何が問題なのだろう。

問題は、この種の会話は――組織学習の観点から見ると――完全に機能不全の行動に陥りやすいということだ。そこではメンバーは現実に起きていることについて話そうとしない。本音はどこか違う場所、たとえば駐車場や家への帰り道などで話すのだ。そして職場や会議では、あたりさわりのない発言に終始して全員の時間を無駄に費やす。

ダウンローディングの会話は既存の言い回しを単純に再現するだけだ。個人的なダウンローディングにおいて世界に対する認識は自分のうちにある既存の枠やひな型によって制限されているのと同じように、会話におけるダウンローディングでも、ただその場の支配的な枠組みと会話のパターンに適合する（その場の参加者にとっての）現実だけが語られる。口で述べられること（「私は元気です」）と、実態（「死ぬほど疲れています」）がかけ離れているほど、将来的にシステムが機能不全に陥る可能性は高まる。

討論《ディベート》――領域2から会話を具現化する

「お元気ですか」「ひどい気分です」

領域2の会話の特徴は、参加者が自分の考えを口に出すということだ。たとえば、二〇年ほど前のワークショップで、参加者の一人が私の話をまったく理解できなかったと発言したときがこれにあたる。一従業員がCEOに、会社がやっていることのいくつかは有害で的外れだと意見を述べるときもそうだ。こうした発言は緊張を高める。みなが気まずい思いを味わう。この種の会話はルール再生である言葉のやり取りをやめ、より厳しいタイプの会話、つまりそれぞれが異なる意見を言うことを恐れないというタイプの会話に移行するのだ。

領域1の会話に入る切符は、**順応する**ことへの（無言の）要求に応じることだ。領域2の会話への入場券は、人とは**異なる**立場を取る意欲である。領域1の会話に加わるためには、他人（通常は上司）の意見に合わせる必要がある。領域2では、異なる意見や反対意見も表明する。個人の内的な認知と同様に、ダウンローディングから「観る《シーイング》」への移行は、反証データにも思考を開くことによって可能になる。領域2の会話とは、その場の支配的な考え方への異論に対してもオープンになることを意味している。

この種の相互作用から生まれるものは、たいていの場合討論《ディベート》の形になる。debateという言葉は語源的には「戦う」または「打ち負かす」という意味である。人は自分の対抗者、つまり自分と意見が違う人を言い負かしたり、優位に立ったりするために議論を利用する。

討論と、異なる見解を表明することは、すべての意見をテーブルに並べられるという意味で、組織においては有益な場合もある。多くのアジアの文化では、領域2に入る最良の方法は、人々を小グループに分け、全員がテーマについて意見や考え方を表明できるようにすることである。討論というより、さまざまな見解を洗い出すブレーンストーミングに近く、上司に異論を述べるときに上司の「顔をつぶさない」うえで有効である。それでも、異なる見解の表出という領域2の基本的な成果のほとんどを達成することができる。

しかし、もし問題がこれまでの習慣的思考法やその集団の支配的な思考の前提について内省し、それを変えることを必要とする場合は、別のタイプの会話が必要となる。私の同僚で『対話――ともに考える技術』★の著者、ビル・アイザックスがよく言うように、「私の意見は私ではない」ことを会話の参加者に気づかせるような会話が必要になる。自分の考えを保留し、他者の前提に目を向けるということだ。そのためには領域3に入る必要がある。

対話《ダイアログ》――領域3から会話を具現化する

★ William Isaacs, *Dialogue: The Art of Thinking Together*, Crown Business, 1999

「ご機嫌いかがですか」
「なんとも言えませんね。ところであなたは？」
「こちらも同じです。どうも不安なんです」
「ほんとうに？　それは興味深いですね。そのことについて私に話してみてください。どんなことが起きているのですか？」

dialogueという言葉は、「言葉」あるいは「意味」を意味するギリシャ語logosと、「〜を通って」という意味のdiaから成り立っている。したがって、対話《ダイアログ》は文字通りには「流れる意味(meaning moving through)」と訳すことができる。

討論《ディベート》（領域2）から対話《ダイアログ》（領域3）に移行するということは、それを介して会話が起きている集合的な意識の領域構造が深いところで変化するということだ。観る《シーイング》から感じ取る《センシング》への移行は、個人のレベルでは、自分の外側にあるモノの集まりとしての世界に向き合うことから、領域から世界を経験するということへの変化だった。それと同じように、討論《ディベート》から対話《ダイアログ》への移行は、自分とは異なる考えを打ち負かすということから、互いの意見を探求し合い、他者から共感して話を聴くということへの変化なのだ。

ダイアログ的な会話の領域へ移行すると視野が広がり、自分自身も観察の対象に含まれるようになる。つまり世界を自分の外側にあるモノの集合として観ていた状態から、**全体から**世界と自分を観るようになる。

集合的なプレゼンス——領域4から会話を具現化する

レベル4の生成的な会話は、新しいアイデアや想像、アイデンティティ、触発されたエネルギーを生み出す。たとえば、好成績のスポーツチーム、ジャズ・アンサンブルなどのグループだ。そこではミュージシャンはお互いの演奏に耳を傾けると同時に、出現しつつある集合的な音楽を聴いている。聞き方と会話の質が生成的な段階に入ると、人々の経験にはっきりした変化が現れる。

領域4の会話で「ご機嫌いかがですか」の例は極限に達する。集合的な存在《プレゼンス》の深い領域への移行は、転換を促す静寂の瞬間に起きる。この深いレベルに達したいグループが、しばしばその入り口として意図的な静寂を使うのはそのためだ。それは「何もしない」空間、介入しすぎたり退いたりしない空間である。

そういう深い生成的な領域が活性化されると、たいてい時間の流れが遅くなり、空間が開かれ、広くなり、自分が中心から離れるように感じる。それと同時に、自己と他者の境界が開いて集合的な存在となり、そこから会話が流れ出すようになる。生成的な会話が行われているとき、私はよくアイデアが集合的に生まれてくるのを経験する。誰も「これが私の考えです」とは言わなくなるのだ。その代わりに、グループとしてともに考えるという技術《アート》に没頭し、一つのアイデアが生まれるとそれに基づいた別のアイデアが生まれ、それが次々に繰り返される。この種の会話の影響は深甚で、それによって人生の行路が決まったり、刷新されたりすることがある。
このような移行は多くの経験豊かな実践家やイノベーター、一流の運動選手、優れた演者の間でもよく知られている。伝説的なバスケットボール選手、ビル・ラッセルはこうした特別な瞬間について、一九七九年の著書『第二の風——頑固な男の回想』[★]で次のように書いている。

セルティックスの試合はよくヒートアップして、もはや身体的なゲームどころかメンタルなゲームをも超えるものになった。魔法のようになるのだ。その感覚を説明するのは難しいし、現役時代にはそれについて語ったことはない。その状態になると、自分のプレーが新しいレベルに引き上げられたように感じた。めったに起きることではなく、五分ぐらい続くこともあれば、一クォーター、あるいはそれ以上続くこともあった。……それは私とセルティックスのメンバーだけでなく、対戦チームも、審判さえも包み込む。

そういう特別なレベルに達すると、あらゆる種類の奇妙なことが起きた。試合は激しい白熱戦なのに、どういうわけか闘争心など感じなかった。そのこと自体が奇跡だ。……ゲームは目にも留まらぬ速さで進むので、どのフェイントやカット、パスにも驚くはずなのだが、私は何にも驚かなかった。ほとんどスローモーションでプレーしているかのようだった。そんなとき私は次のプレーがどういう展開になるか、次のショットがどこで撃たれるかをほとんど感じ取ることができた。……私の予感は当たりつづけ、そういうときいつも私は、セル

★ William F. Russell, *Second Wind: The Memoirs of an Opinionated Man*, Random House, 1979. pp.155-158

ティックスの全メンバーを知り尽くしているだけでなく、相手チームのメンバーのこともすべて頭に入っていて、彼らもまた全員が私をわかっているという気がした。

現役時代、何度も感動したり、喜びを感じたりしたが、背筋がゾクゾクするのを味わったのはまさにこういう瞬間だった。

組織化

世界規模の組織は地球上に現れた新しい種、二世紀もたたないうちに世界を支配するほど進歩した種である。組織とは基本的に権力の配置の形である。それが集合的な意思決定を形作る。組織の変化を観察すると四つの段階があることがわかる。中央集権型、分権型、ネットワーク型、生態系《エコシステム》である。それぞれが組織の行動の仕方の異なる段階または質を反映している。ここでも肝心なのは、組織が必要に応じてこれらの異なる段階に変化し、進化することができるようなツールを身につけることだ。

中央集権型

1・0の組織構造では、意思決定の力はピラミッドの頂点にある。中央に権力が集まり、トップダウン型であり、役割が決められていることが多い。こうした1・0の構造は、頂上にいる人間（あるいはコアグループ）がほんとうに有能で、組織が比較的小さく、機動力がある限りでは有効である。しかし、組織や企業が成長しはじめると、市場や顧客、市民に近いところで意思決定を行うために分権化することが必要になる。その結果生まれる2・0の構造はヒエラルキーと競争を特徴とする。

分権型

2・0の組織構造では、分権化によって権力の源が周縁部に近づいていく。その結果、機能的、部門別、あるいは地理的に分化した構造が生まれ、そこでは意思決定が市場や消費者、コミュニティ、市民に近いところに移動する。2・0構造の長所は、すべての部門や組織単位《ユニット》が企業的独立性を得て、説明責任がよりよく果たされ、能力主義が重視されることである。短所は、組織単位間の空白部分である相互依存関係を管理する人が誰もいないということだ。そこで3・0の構造が登場する。

ネットワーク型

3・0の組織構造では、権力の源はさらに中心から離れ、従来の組織の境界の向こう側から生じるようになる。その結果、構造がフラット化し、ネットワーク型の関係が広がる。権力は境界を越えた複数の利害関係者との関係から生まれ、部下が何人いるかより、組織内外の利害関係者との関係の質や、フェイスブックやツイッターのフォロワー数のほうが重要になる。

３・０組織の良いところは、権限委譲《エンパワメント》とネットワーク型の利害関係者のつながりである。悪いところは、破壊的混乱に直面したときや利益団体によって妨害されたときの脆弱性である。小さいグループは大きいグループよりはるかにロビー活動を組織しやすいからだ。

生態系《エコシステム》

最後に、４・０あるいは生態系《エコシステム》の構造は、共通の目的を中心に組織された生きた生態系とつながり、育むことによって行動する。「スウォーム」組織や、「アジャイル」あるいは「ティール」型の組織はすべて、共有された目的と組織的相互依存関係という状況での自己組織的サークル構造に基づいている。意思決定がさらに組織の前線に押し出される（権限委譲）ので、こういうフラットな、あるいは流動的な意思決定構造がうまく機能するかどうかは、参加者のマインドセットがエゴシステム意識からエコシステム意識にどれくらい移行しているかによる。意思決定サークルは、組織の枠を超えた相互依存性を意識し、共有された目的に歩調を合わせながら、局地的な知識に基づいて行動する能力を身につけることを意味する。

組織機構の転換

今日の組織構造の進化は、明確なパターンを示している。**組織機構の転換**である。転換とは、内側にあったものを外側に、外側にあったものを内側にすることだ。わかりやすい例が、靴下の中に手を入れ、一番奥をつかんで引っ張り出し、裏表をひっくり返すことだ。組織の環境では、転換はマネジメントの核心的な機能の多くに適用される。それはクラウドソーシング（研究開発の転換）、クラウドファンディング（資金調達の転換）、群知能などの、トップダウン型の縦割り構造を分散型の組織に転換することによって集合的な知性を活用するさまざまな手法が台頭していることで立証されている。

このように組織機構の転換とは、力の源泉を頂上／中心から周囲の領域に移行させる深遠な「開く」プロセスである。例を見てみよう。

BALLE――ホワイトドッグ・カフェから運動《ムーブメント》を創出する

二万二〇〇〇の会員を擁するビジネス・アライアンス・フォー・ローカル・リビング・エコノミーズ（BALLE）は、北アメリカで最も成長著しい社会的・環境的責任企業のネットワークである。

BALLEの起源をたどると、フィラデルフィアのホワイトドッグ・カフェへ、そしてその創業オーナーで、自伝『おはよう、ビューティフル・ビジネス』★の著者、ジュディ・ウィックスに行きつく。ウィックスは二五年にわたって、地元の農家との直接提携や持続可能な地元調達などの画期的なビジネス手法を次々に開発してきた。

★ Judy Wicks, *Good Morning, Beautiful Business: The Unexpected Journey of an Activist Entrepreneur and Local-Economy Pioneer*, Chelsea Green, 2013

これらの手法を採用しながらホワイトドッグ・カフェは順調に業績を伸ばした。しかしウィックスは、その成功で満足することなく、何か違うことをすることにした。コミュニティと環境をほんとうに大切に思うなら、自分がすでに実践している方法を競争相手が学べるようにする必要があると考えるようになったのだ。

二〇一一年にMITのエリザベス・ホフェッカー・モレノが行ったインタビューを、私は著書『出現する未来から導く――U理論で自己と組織、社会のシステムを変革する』★で引用しているが、その中でウィックスはこう語っている。「自分たちだけで持続可能なビジネスなどというものはあり得ないと気づいたのは、人生を変えるような瞬間でした。私の会社のやり方がどんなに良くても、私がどんなに堆肥を作ったり、リサイクルしたり、農家から食材を買ったり、〔再生可能〕エネルギーを使ったりしても、それはバケツの中の一滴にすぎないことに気づいたのです。そういう価値観に基づいた全体的なシステムを築くためには、自分の会社の外に出て、ほかの人、特に競争相手との協働に取り組まなければならなかったのです」

この環境に移行するために、ウィックスはレストランの収益の一部を使って、ホワイトドッグ・カフェ財団を創設した。財団の最初のプロジェクトは「フェアフード」(www.fairfoodphilly.org)で、当初の目的は、ホワイトドッグの競争相手であるフィラデルフィアの地元レストランのシェフやオーナーに無料のコンサルティングを提供して、人間的な方法で飼育された豚肉やそのほかの農産物を地元の家族経営の農場から仕入れる方法と、それがなぜ重要なのかを教えるこ

★ C・オットー・シャーマー、カトリン・カウファー『出現する未来から導く――U理論で自己と組織、社会のシステムを変革する』(由佐美加子、中土井僚訳、英治出版、2015年)

とだった。

またウィックスは二〇〇一年にBALLEを創設して、地元立脚ビジネスのネットワーク作りに乗り出した。これらの手法を使って、大企業によるチェーンストア経済に対抗する実行可能な代替策を作ることを目指したのだ。このようにジュディ・ウィックスとホワイトドッグ・カフェの物語は単純な構造（中央集権型）から始まり、その後より分権的なネットワーク型の構造（財団で競争相手を助ける）へと形を変え、最終的に地元立脚ビジネスのコミュニティという目的に牽引された生態系を生み出している。

今ではほとんどの業界にこうした進化のパターンが見られる。ファッション業界の持続可能性を追求する取り組みや、運輸・エネルギーの「クリーンな破壊」を見れば、こうした進化は業界全体の協働と学習の新しいパターンを必要とする挑戦であることがわかる。

調整と統治

四番目の基本的な行動（図8のムンドのレベル）は、統治と、社会のレベルで社会システムとつながることにかかわる。社会を形成するうえで支配的な要因は、経済システムである。労働の分配は、近代経済における生産性の驚異的な飛躍の鍵であった。しかし、それにはどうやって全体を調整するのかという問いが伴う。近年の歴史には、その問いに対して三つの対応――つまり三つの調整メカニズム――が見られた。そして今日、四つ目が台頭してきている。

イギリスの歴史家、アーノルド・トインビーによれば、社会の進歩は、課題とそれへの対応の相互作用として起きる。社会のエリートがもはや重大な社会的課題に創造的に対応できなくなったとき、構造変化が起こり、古い社会の成り立ちが新しいものに取って代わられる。トインビーの枠組みを今日の資本主義の調整の課題に適用して、これまでの進化の過程を簡単に見直してみよう。

社会1・0　ヒエラルキーを軸とした調整

一六四八年に三〇年戦争が終わった当時のヨーロッパ、一九一七年の一〇月革命のあとのロシア、一九四九年の国共内戦終結後の中国、あるいはスカルノが初代大統領に就任したころのインドネシアを考えてみよう。どのケースも動乱により安定を求める機運が高まっていた。目に見える強い手、時には鉄のこぶしを通して、安全を保障するとともに、不足していた公共インフラ投資に希少な資源を配分することが切実に求められていたのである。その意味では、二〇世紀のソ連の社会主義は（マルクス主義理論で言うような）経済発展における資本主義後の段階ではなく、資本主義前の段階（疑似重商主義）と見ることができる。社会の発展におけるこの段階の主要な特徴は、全体についての意思決定をする権力を掌握する強大な中心的アクターがいることだ。

社会2・0　競争を軸とした調整

主として領域1の構造に牽引された国家主導型の社会の成果は、安定である。中央権力が構造と秩序を創り出し、それまでの混乱を鎮める。社会1・0の欠点は、活力の欠如、そしてほとんどの場合、個人の自発性や自由に欠けていることだ。

歴史的には、社会が安定性の課題によりよく対応するほど、この段階の後に安定から成長へ、そして個人の自発性と自由の増大へと焦点が移行する傾向がある。この移行によって、市場と、経済成長に火をつけるダイナミックな企業セクターが台頭する。

この時期にさまざまな制度的なイノベーションが起きる。たとえば、市場や所有権、資本へのアクセスを提供する銀行制度などの登場である。これらの変化によって、ヨーロッパでは一九世紀に、中国やインド、インドネシアなどの新興経済国では今起きているような空前の爆発的な経済成長と大規模な工業化がもたらされた。

この発展段階2・0における意識は、主として領域2の構造に牽引されているが、経済プレーヤーの自己利益が原動力として働くエゴシステム意識の目覚めと表現することができる。この段階の陰の側面には、制限のないコモディティ化と、それに伴って起きる児童労働、人身売買、環境破壊、衝撃的な水準の貧困と不平等などの意図しない副産物という負の外部性がある。

社会3・0　利益団体中心の調整

放任主義《レッセ・フェール》の自由市場に基づく経済と社会が生んだ偉大な成果は、急速な成長と活力である。負の側面は、それから生じる負の外部性に対処する手段を持たないことだ。こうした問題を修正する手段には、労働者の権利、社会保障、環境保護、国の通貨を守る連邦準備銀行の導入などがある。これらはすべて同じことを意図している。抑制の利かない市場メカニズムがうまく働かなくなっている領域において、それを制限することだ。

この段階の結果生じた組織機構の枠組みの中での規制と変化が、第三の調整メカニズムの効能だ。組織化された利益団体間の交渉と対話である。

社会の進化に伴って、セクターが分化してくる。まず公的または政府セクター、次に私的または企業セクター、そして最後に市民または非政府組織（NGO）セクターが現れる。各セクターはその特徴として、独自の支援的な仕組みを持つ。利害関係者による資本主義（社会3・0）は、富の再分配、社会保障、規制、補助金などを通して、典型的な外部性には比較的うまく対処している。しかし、ピークを迎え減少に転じる石油産出量、気候変動、資源の枯渇、大量の人口移動、人口動態の変化などの世界的な課題には迅速に対応できていない。社会3・0の限界は、特定の利益団体に有利であること、負の外部性への取り組みが事後反応的であること、そして意図的に正の外部性を作り出す能力が限られていることである。

社会4・0　全体に対する共通の意識を軸とした調整

二一世紀の問題に二〇世紀の問題解決の語彙で取り組むことはできない。これまでに説明してきた各発展段階は、異なる意識の状態で活動している。1・0社会の経済は、伝統的な意識の優位性の下で行動する。2・0経済には、自己利益あるいはエゴシステム意識の目覚めが見られる。3・0経済では、この自己利益は、労働組合や政府、NGOなどの形で集合的に組織された個々の利害関係者が追求する自己利益との関係によって、範囲が拡大されたり抑制されたりする。今日出現しようとしている4・0段階の経済では、プレーヤーの本来の自己利益は、共有されているエコシステム意識にまで広がる。エコシステム意識では、心を開き、ほかの利害関係者のものの見方や関心を内面化することが求められる。それによってシステムの自分に関する一部ではなく、全体の利益にかなう決定と結果がもたらされる。

4・0経済の詳細については、第6章と私の著書『出現する未来から導く――U理論で自己と組織、社会のシステムを変革する』を参照していただきたい。

領域1から領域4へ――転換の旅

図8で説明した社会進化のマトリックスを診断ツールとして使うと、今日の組織と社会の変革の主要な問題が何であるかがよくわかる。我々は**レベル4の問題をレベル1~3にしか有効で**

ない対応と常套手段で解決しようとしているということだ。問題を生み出したのと同じレベルの思考では問題を解決できないというアインシュタインの至言を無視している。

では我々は、個人やグループ、組織、システムが、一段目と二段目の欄に閉じこもったままではなく、必要に応じてマトリックス全体から行動する能力を高められるようにするにはどうすればいいのだろう。

この問題についてはあとで取り上げる。ここでは、章の初めに、氷に熱を加えて解かし、水になっても加熱しつづけたときのように、固体から液体へ、そして気体へと変わっていく状態の話をしたことだけを記しておこう。マトリックス（図8）の各欄には、社会的な場のさまざまな進化の段階や状態が説明されている。ここでの最大の洞察は、**マトリックスの縦軸に沿った意識と認識の**

自己	物質への認識	作用	思考
習慣的	不在《アブセント》	ルールを繰り返す	習慣的なパターンから
合理的	資源	ルールを実現する	頭から
関係性	生命体	ルールを再考する	心から
出現する高次の自己	生きている存在《プレゼンス》	ルールを生成する	存在《プレゼンス》／全体から

移行は、どの縦の列でも同じであるということだ。それは私がフランシスコ・ヴァレラのオフィスを出たときに得た最大の洞察であった。

マトリックスをレベル1からレベル4に沿って下りるにつれ、我々は**開くと深める**というプロセスを経験する。「開く」とは、自分の小宇宙《マイクロコズム》の内側にあるものをより大きな大宇宙《マクロコズム》の一部にすることである。思考を開き、心を開き、意志を開くとき、我々は自分たちを取り囲む知性、つまり**集合体の思考、集合体の心、そして出現しようとしている場の意図または意志**とつながりはじめる。「深める」とは、外側にあることを内面化すること、自分自身の内面性を深めることである。「内側を外側へ」と「外側を内側へ」の動きを合わせたプロセスを私は**転換**《インバージョン》と呼ぶ。

リーダーやチェンジ・メーカーとして力を発揮するためには、同じ転換、つまり自分の周りに

図11　社会進化のマトリックス——一人称の視点

領域	時間	空間	他者
領域1 習慣的	分離された時間	1-D	順応する
領域2 主体－客体	クロノス	2-D	対立する
領域3 共感的－関係的	減速	3-D	つながる
領域4 生成的	静寂・カイロス	4-D	集合的存在

ある知性に心を開き、自らの内面を深めることが必要である。

そのような生成的な領域の経験は、一人称の視点からはどのように見えるのだろうか。私や同僚が経験した変化には次のようなものがある（図11も参照）。

- **時間が減速する。** ビル・ラッセルが言うように「ほとんどスローモーションでプレーしているかのよう」になり、現在と出現する未来の境界が崩れる。
- **空間が広がる。** グループで深い転換が起きると、参加者は周囲の集合的な空間が、特に上のほうに広がるのを感じることが多い。
- **自己・他者の境界が崩れる。** ラッセルは自分のチームと対戦相手の境界が崩れる様子を次のように表現している。「私とセルティックスのメンバーだけでなく、対戦チームも、審判さえも包み込む」
- **自己が「中心から離れ」はじめる。** これはパノラマ的な意識と呼ばれることもある。ラッセルは「相手チームのメンバーのこともすべて」含めた、領域全体についてのパノラマ的な意識に言及しているようである。
- **物質への認識が変わる。** 物質の質と感覚的な認識も変化する。たとえば、社会的プレゼンシングが起きると、ワークショップの参加者は光の質が「濃密になり」「暖かくなった」ように感じたと報告することが多い。

- **作用が変わる――ルールを繰り返す**から**ルールを生成する**あるいは「源から行動する」へ。源から行動することには、自分中心ではなく、自分を通して行動する存在を経験することを伴うことが多い。
- **思考が変わる**。習慣的な思考から、源あるいはプレゼンシングからの思考へ。

システムがそれ自体を感じ取り、観るようにする

二一世紀に生き、我々が集合的に社会的な場を具現化している様子をよく観察している人なら誰でも二つの表（図8と11）の欄を自分で埋めることができただろう。これらの表を見ることは、**我々の進化を映し出す鏡を覗き込み**、我々が個人や集合として具現化しているパターンを見るようなものだ。マトリックスのさまざまなレベルで、**観察の視線を曲げて進化する自己に向けるパターン言語**である。

ときどき後戻りするようにも見える（トランプの時代に我々が目撃しているように）この進化の動きを牽引している力は何だろう。二つの大きな力がある。一つは**外側**から働く。我々に立ち止まり、手放し、迎え入れることを余儀なくさせる破壊的混乱の課題である。これらはこの瞬間にも進行している環境、社会、精神、デジタルの破壊的混乱に表れている。

もう一つの牽引力は**内側**から働く。新しい意識、つまりお互いや地球、未来の可能性とつながる

新しい感覚の自発的な目覚めである。では、意識の深い源への敷居を越えるにはどうすればよいのだろう。それが第4章の焦点である。

第4章

針の穴

グループや組織とともに仕事をしているとき、Uの底で敷居に近づいているように感じる瞬間をよく経験する。その敷居を越えなければ、どんなに変化について語っても　机上の空論に終わる。私はその敷居を針の穴と呼ぶことがある。古代エルサレムには、「針」と呼ばれていたとても狭い門があった。ラクダに荷物をいっぱい積んでこの門にたどり着いたラクダ使いは、すべての荷をラクダから降ろさない限り、この門を通り抜けることはできなかった。イエス・キリストは当時よく知られていたこのイメージを引用し、「金持ちが神の国に入るよりも、ラクダが針の穴を通るほうがまだ易しい」と言った。それと同じように、Uの底にある敷居を越えるには、本質的なもの以外はすべて捨てなければならない。

私はプレゼンシングのリトリート★でこの微妙な変化が起きるのを何度も見てきた。誰かがたった一人で一日か二日、あるいはわずか半日でも自然の中で過ごして戻ってきたとき、あなたはその人の雰囲気が変わっていることにすぐ気がつくだろう。そうした一人での行動に続いて、サークルでそれぞれの経験を振り返り、共有する中で、参加者の多くはまるで新しい二つの目が開かれたかのように自分の人生と仕事の旅について語る。自分自身をより高いところから眺め、自分の旅を日々の状況の連続としてではなく、全体として見るのだ。自分の習慣的なパターンや深い意図、自分にとって最も重要なこと、自分やコミュニティへの期待を認識する。要するに、すっかり変わっているのだ。

敷居を越えることとは、手放す覚悟があることを意味する。古いパターンや想定、自分の古い「小さなsの自己（自我）」さえも手放すのだ。そうしたときに初めて、我々の眠っている可能性、出現しつつある「大きなSの自己（高次の自己）」に足を踏み入れることが可能になる。

抽象的に響くかもしれないが、そんなことはない。私の友人で同僚のピーター・センゲが言うように、とらえにくいだけだ。二つの話でこれを説明してみよう。自分は何者であるかということへの私の認識を変えた出来事についての話だ。本章ではこの変化の個人的な側面を、残りの章では組織とシステムの側面を探っていく。

「君には大いに期待しているよ」

★ 日常を離れて自分を見つめるための場を持つこと

ドイツのヴィッテン・ヘアデッケ大学での学生時代、私は経済学と経営学を学んでいたが、何人かの学友とともに興味を持った哲学者の著作も読んでいた。

プラトン、アリストテレス、ニーチェに加えて何人かの現代哲学者のものも読んでいた。その一人がビットリオ・ヘスレだ。ヘーゲルに触発された彼は、今日の環境危機を哲学思想の進化と結びつけて論じた。著作を一〇〇〇ページ以上読破した私は、ついに勇気を出してヘスレの研究室に面会を申し込んだ（当時彼は私の大学からそれほど遠くないエッセンの大学で教えていた）。

彼は承知してくれた。研究室に入ったとき、心臓が破裂しそうだった。私は何を考えていたのだろう。面識もない学生の私にどうしてあんなことができたのだろう。私の知的宇宙ではプラトンやアリストテレス、老子と肩を並べるほどの学者に会ってくれるよう頼むとは。彼はとても気さくで、用意していった質問の一つ一つに答えてくれた。私にまるで対等の人物であるかのように接してくれることに戸惑った。私は驚き、ほとんど信じられない思いだった。そして気がつくと予定の時間が過ぎていた。

録音機器をしまっていると、突然ヘスレが私のほうに向き直り、言った。「君には将来を**大いに期待しているよ！**」

何だって？　いったい誰に話していたんだ？　私に？　そんなはずはない。しかし部屋には、ほかに誰もいなかった。時間が止まった。そしてわかってきた。たぶん彼は、私が自分だと思っている人物に話しかけているのではなかった。たぶん彼は、私の別の部分に話しかけていたのだ。彼には見ることができたが、私には見ることができなかった部分に。すべてはおそらく五秒ほどの間に起きたことだった。しかし私には永遠の半分ほどにも感じられた。その瞬間、私は未知の可能性の空間に少し引き上げられたような奇妙な感覚を覚えた。

ヘスレの研究室を出たとき、私はもうそれまでと同じ人間ではなかった。私は、学生の中に何かを見て、種を蒔く哲学者、教師に出会ったのだ。学生の固定観念を揺さぶり、ゆるめ、彼自身の想像をも超える未来の可能性に対して心を開かせる気づきの種である。ちなみに、ヘスレは一九九九年にドイツからアメリカに移住し、それ以来ノートルダム大学で教鞭を執っている。二五年ほど前のあのとき言葉を交わしたあと、彼とは直接の交流はないが……。

物質と精神の再統合

その三年後。私はマサチューセッツ州ケンブリッジに移り、マッキンゼー・アンド・カンパニーの支援を得て、イノベーターたちへのインタビューの第二ラウンドを始めた。その相手の一人がピーター・センゲだった。彼は少し前に香港で経験したことから話しはじめた。「中国人の禅僧の南《ナン》老師と交わした会話はとても興味深いものだった」とピーターは言った。「南老師は中国ではとても敬われている人物だ。彼は仏教、道教、儒教をすべて統合した偉大なる学者とされている。私はこう質問した。『産業化社会は私たちを自滅させるほど環境問題を悪化させると思われますか。私たちはこうした問題を理解し、産業の仕組みを変えるために何らかの方法を見つけ出さなければならなくなるでしょうか』と」

南老師はしばし沈黙し、首を振った。ピーターは続けた。「老師は必ずしも賛成してはいなかった。そのような見方をしていなかったからだ。もっと深いレベルで物事を考えていた。そしてこう言った。『世界が抱える問題はただ一つです。それは物質と精神を再び統合することです』とまさにそう言った。**物質《マター》と精神《マインド》の再統合**と」

ピーターの話を聴くうちに、これらの言葉が深く胸に響いた。そして、私の心の中で本質的な問いがゆっくりと形を成してくるのを感じた。今日の社会状況において、物質と精神の乖離が真に意味するところは何か。私は両親の農場での仕事を思い出した。農業の目に見える結果である収穫は、土壌の質に左右される。そこでこう思った。**もし目に見える社会経済的な結果の質が、我々の認識の盲点にある目に見えない社会的土壌いかんによるとすればどうだろう。**

システム思考の本質

私はピーターに、グループや組織の世界での物質と精神の乖離をどう考えているのかと尋ねた。彼はこう答えた。組織はあくまで人間が創ったように働くのだが、組織の中にいる我々は問題を引き起こしているのは「システム」だと言い張る。いつも問題は「外」にあり、「何か」が我々に問題を押しつける、と。現実はこういうことだろう。「人の思考から組織が生まれるが、その組織が人を拘束する」。あるいは量子物理学者のデビッド・ボームが言っていたように、「思考は世界を生み出しておきながら、責任を取ろうとしない」。

ピーターは続けた。「私はここにシステム思考の本質があると思う。システム思考をするようになると、自分たちの思考や相互作用のパターンがより大きなシステムにも表れていること、それが『組織が私にこんな仕打ちをする』と感じさせる力を生み出している仕組みを意識し、理解するようになる。そして、こう認識することでフィードバック・ループを完結させる。コンサルティングの過程で最も印象的な場面では必ず、人々が突然『なんていうことだ！ 自分で自分の首を絞めていたんだ！』とか、『我々はこんなことをしていたのか。これじゃ勝てないはずだよ！』というようなことを言い出す。そういう瞬間に私がいつも重要だと感じるのは『自分たちが』という言葉だ。『あなたたちが』でも『彼らが』でもない。『我々が』という言葉が重要なんだ……真のシステムの哲学は、人間と、現実の経験と、参加の感覚がフィードバックしていくループを、より大きな意識と行動のサイクル全体の中で完結させる」

私はそれまでシステム思考について山ほどの本を読んできたが、これほど単純明快に理解できたのは初めてだった。**システム思考の本質は、人々が行動のレベルでのシステムの体現と、意識や思考のレベルでのその源泉を、フィードバックのループで結びつけられるように手助けするこ**

とではないか。

そう言うとピーターは静かに答えた。「その通りだ。私もこんなふうに考えたことはこれまでなかった」

このインタビューを終えたとき、私はそれまでとは違う人間になっていた。私の中で微妙な何かが変わり、新しい秩序を作ろうとしていた。私自身が問いつづけていることの本質的な一側面がやっと見えてきたように感じた。その問いを十分に言葉にすることはできなかったが、その「感触」は確かなものだった。それから一〜二週間の間、その感触は、はっきりとした身体的感覚として残っていた。そしてそれが薄らぎはじめると、私は社会的現実の創造の深い源を見るにはどうしたらよいか、次から次へと社会的行動を生み出している深層の状態を見るにはどうしたらよいかを考えはじめた。**社会的な場から生じる目に見える結果、具体的な行動が、社会的な土壌、内面の状況、つまり社会的な場の目に見えない部分の帰結だとしたらどうだろう。**

この問いに後押しされて私は、社会進化のマトリックス（図8）を含めたU理論の原則を発見するための道を歩み出した。そのマトリックスの本質とは何だろう。それは**物質と精神の再統合だ。**領域1の土台は物質と精神の完全な分離——空疎でうつろな生気のない言葉や型にはまった行動のダウンローディング、規則を繰り返す行動である。領域4は物質と精神の完全な再統合に基づいている。それが、未来が出現するための媒体になる規則を作り出す行動を生む。

針の穴を通る

「物質と精神」の出会いと「私は君に大いに期待している」の話はどちらも、ほんとうの自分はどういう人間であり、どういう未来を共創造したいのかという認識を変化させたり、明確にしたりする何かが起きる瞬間の例である。

ビットリオ・ヘスレとの出会いによって私は、型どおりの生き方から外れる道をより強く希求するようになった。ピーター・センゲと交わした精神と物質についての会話に導かれ、私は香港の南老師を訪ね、中国のほかの地も何度も訪れた。そうして私は今、欧米だけでなく、東アジアでも仕事をしている。

針の穴を通り抜けるには三つの条件を満たす必要がある。思考と心と意志を開くことだ。開かれた思考とは、判断を下さず、あなたの思考を通して**宇宙の精神**（**思考**）が働くようにすることを意味する。開かれた心とは、皮肉や冷笑を退け、あなたの感情を通して**集団の心**が働くようにすることだ。開かれた意志とは、恐れることなく、あなたの行動を通して**出現しつつある未来の意図**が働くようにすることを意味する。

マルティン・ブーバーほどこの微妙な変化を巧みに言い表した人はいない。彼はその著書『我と汝』★に次のような言葉を記している。

★ マルティン・ブーバー『我と汝・対話』（田口義弘訳、みすず書房、2014年）

> 彼は物質欲と本能に支配されている自分の些細で不自由な意志を、大いなる意志に捧げなければならない。それにより宿命に支配されることはなくなる。彼はもはや口出ししない。しかし、同時に、物事が起こるに任せることもしない。彼は自己から生まれ出るもの、世界の存在の推移に聞き入る。それによって支えられるためではなく、それが望む現実にそれを導くために。（強調は著者による）

システムと自己の関係を転換する

Uの底での変化は一度限りの出来事ではない。いつでも到達できる意識であり、存在である。Uの旅はその深い場所と出会いへの旅だ。この深まったつながりをよく維持できるほど、「システム」との関係、社会的な場との関係が変化していく。次に紹介する七つの小さな物語で、私の自己とシステムの関係が年月とともにどのように変化してきたかを説明してみよう。私の個人的な経験を使うのは、そのようなプロセスで起きる内面の変化の「一人称のデータ」にアクセスできるからだ。

ブロクドルフの戦い

最初の物語では、私は完全に私の外にあるシステムに反応した。**システムは敵だった。**

私は若いころ、一九七〇年代末から一九八〇年代初頭にかけて、ドイツで環境運動の活動家になった。当時、そうした運動の主な戦場の一つだったのが北ドイツの小さな町ブロクドルフで、私の家からそう遠くなかった。ブロクドルフは今ではもう閉鎖された原子力発電所の建設現場だった。ある日私は、発電所の建設に抗議するために、友人たちとともにブロクドルフへ向かった。ドイツ中からおよそ一〇万人の人々が集まってきていた。行進は許可を受けておらず、建設現場では膨大な数の警官が警戒にあたっていた。終了間際までは、状況は穏やかに進んでいた。ところが、家路につこうとしたとき、警察が攻撃を始めた。突然、何かを打ち鳴らすような低い音がとどろき、大きな叫び声がした。振り向くと、何百人、いやおそらく何千人もの重装備した警官が、警棒で盾を叩きながら突進してきた。その瞬間、みな走り出した。警官隊は鶏でも追うように追いかけてくる。警官隊が迫ってきたときヘリコプターの音がし、やがて群れを成して近づいてくるのが見えた。あまりに低く飛ぶので、何人かが風圧で押し倒された。逃げながら振り返ると、倒れた人たちは警官に囲まれ警棒で叩かれていた。

三〇分後、逃げ延びた者は一団となり、広々とした公道を黙々と早足で歩きつづけ、バスや車へ戻ろうとしていた。何もかも夕日で真紅に染まり、映画の場面を見ているようだった。ほとんど日が沈み、まさに車に着こうとするときだった。再び警官隊が襲ってきた。左手の森の中から、警棒を振りながら飛び出してきたのだ。しかし、警官隊が叫びながら近づいてきたときに不思議なことが起こった。大勢いる集団の全員が歩行をやめ、一言も発せずに立っていたのだ。まるで全員が一つの大きな集合体になったように体を寄せ合っていた。走り出す者は誰もいなかった。すべてが停止し、一瞬完全な沈黙が訪れた。次の瞬間、警官隊は警棒を振り回して殴りかかってきた。それでも、群衆は動かなかった。バターにナイフを入れるように、警棒が一体となった我々を切り裂いていった。しばらくすると、警官隊は誰も抵抗していないのに気がついた。集合体は無言だった。戸惑った警官隊は殴打をやめ、撤退していった。

その夜、家にたどり着いたとき、私は別人になっていた。私は敵を見た。あのシステムが敵なのだ（映画『マトリックス』の有名なセリフのように）。そのとき私は将来の仕事を確信した。

システムの中で動く

三年後、私は大学一年生になった。この話では、私にとってのシステムが、敵から探求の対象へと変わる。私はヴィッテン・ヘアデッケ大学で経済学と経営学を学ぶことにした。世界の経済秩序の核心的なＤＮＡを理解し、変えたいと思っていた。最初の一週間ほどが過ぎ、学生は「実践によって学ぶ」ために週一日と夏休みの大半を過ごすメンター企業を選ばなければならなかった。平和運動を経験していた私は、軍産複合体とは一切かかわりたくなかったため、ヴッパータールにある繊維会社を選んだ。ＣＥＯのエリッヒ・コルスマンは好きだった。いくつか理由はあったが、マネジメント能力の開発に美術の手法を取り入れていたこともその一つだ。面白いことが起きた。インターンシップを始めて一週間たったころ、オリーブ色のひもを製造するいくつかの機械を見かけた。それは何のひもかと尋ねると、「ああ、それね」と答えが返ってきた。「ドイツ空軍のパラシュート用のひもだよ」。以上で軍に関係するすべてを避けてきた話は終わり。システムから自分を切り離せるという私の幻想は、二、三週間しか続かなかった。

チェンジ・メーカーをいかに支援するかを学ぶ

三つ目の物語で起きたことは、どうすれば人の手助けができるかを教えてくれることによって、私の自己とシステムの関係を変えた。一九九四年、私はＭＩＴ組織学習センターに求職の申し込みをしたばかりだった。面接に呼ばれたとき、センターに知っている人は一人もいなかった。最後に話をしたのはビル・アイザックスだった。彼は言った。「あなたのやっていることは気に入りました。でもＭＩＴは今、新規採用を見合わせているんです。自分で研究資金を調達できますか？」

「もちろんです」。考えもしないうちに私はこう答えていた。二カ月後、私は旅を続けるためにＭＩＴに移った。当然だが資金はなかった。そのうえ、私はまだ学生ローンも抱えていた。クレジットカードは限度額に達し、友人や家族からお金を借りることもできない。私は創造力を発揮しなければならないことに気づいた。助け合う関係を築く方法――すなわち「プロセス・コンサルテーション」を学ぶ必要があった。この分野で何よりも貴重だったのは、ＭＩＴでの私のメンターであるエド・シャインの仕事であった。

当時の私は心の中で自分に愚痴を言う傾向があった。「ほかのみんなは研究資金をもらえるのに、どうして私はもらえないんだ？」というように。当時は思いもよらなかったが、その資金不足のおかげで、私は興味深い実践的なイノベーションや実験に全身で飛び込まざるを得なくなったのだった。

こうして私の関心はシステムの**内側**で仕事をすることに移った。驚いたことに、「システム」自体は実際には存在しないということがわかった。あるのは、そのシステムをある方向に動かしたい利害関係者の集まりと、別の方向に動かしたいほかの人々の集まり、そしてその中間に位置するさらに多くの人々だ。私は、古いシステムに開いた裂け目を見るにはどうすればよいのか、そしてそれをシステム全体の変革を実験する機会の窓として使うにはどうすればよいのかを学んだ。

霧が晴れた瞬間

またおよそ一〇年が過ぎた二〇〇三年九月。ダライ・ラマ法王が初めて、西欧世界の最先端の脳科学者たちと公開対話を行った。会場はＭＩＴのキャンパスで最大のクレスギ講堂である。私の友人で同僚のアーサー・ザイエンスが司会を務めた。会議が終わったとき、私は、科学の世界（三人称の視点）と意識の世界（一人称の視点）をつなぐ領域の研究に秘められた大きな力と可能性に興奮し、活力が湧き上がるのを感じていた。しかしその二日間、私はそこで繰り広げられる会話は、何のために研究をするのかについて問いを立てるために必要な三つ目の側面、つまり、社会的な変革と変化の側面を無視していると感じていた。

私はカトリン、デイナ、ピーターとともにMITの講堂を出たとたん、今の自分の生活の何が**間違っている**のかが一瞬にしてすべてわかった。私はさまざまな方向に進みすぎていた。あまりにも多くの場所で、あまりにも多くのプロジェクトを進めていた。「お前は生活を変えなければならない」というメッセージが自分の中に染み込んでいくと同時に、焦点を合わせるべきものがわかった。私は**ただ一つの**プロジェクトにすべてのエネルギーを集中するべきだった。それは、システムを進化させる実践的な体験型の実験を通して、科学と意識と社会変革を統合する場所――「地球規模のアクション・リサーチ大学」――を創造することだ。

この物語ではシステムと自己の境界が崩れた。もはやそういう区別はなかった。あるのはきわめて明白な一つのことだけだった。私のその後の人生の方向を定めることになる確かな使命感《コーリング》と知《ノウイング》である。

共想像（Co-imagining）――集合体の思考を起動する

それまでにないほど物事が明らかになる、そんな最高の瞬間のあとには何が起こるのだろう。下降線をたどる期間が長引き、明晰さが薄れていく。なぜあることができないのかという弁解には、いつだって事欠かない。しかし私の場合、下降線の期間はそれほど長くは続かなかった。最大の理由は、マサチューセッツ州ケンブリッジの友人や同僚のサークルだった。ピーター・センゲ、アーサー・ザイエンス、ダイアナ・チャプマン・ウォルシュ、カトリン・カウファー、ジョン・カバット＝ジン、デイナ・カニンガム、アラワナ・ハヤシたちだ。我々は、ケンブリッジのカトリンと私の自宅と、ウェルズリー大学のダイアナ・チャプマン宅で代わる代わる会合を持った。サークルの名前は、科学（science）、精神性（spirituality）社会変革（social change）の統合を意味する「S3」だった。

二〇〇〇年代初頭の何年かの間、三、四カ月ごとに集まって、幅広い問題を議論したが、焦点はいつも三つのSを統合する二〇世紀の大学を改めて想像することだった。こうしてみなで想像したことが集合的な行動として実現することもあった。アーサー・ザイエンスがマインド・アンド・ライフ・インスティチュートの所長を務めていたときや、プレゼンシング・インスティチュートや組織学習協会（SoL）でのいくつかの仕事の中でそういうことが起きた。

システムと自己の関係で言えば、S3の物語はある重要な点で私のそれまでの話とは異なる。こうした仕事は、すでにある外側のシステムに反応する（警察の暴力や繊維会社、あるいはクライアントのプロジェクトで私が経験したような）のではなく、新しい可能性の空間を**ともに想像する**個人がサークルを作るという、私と我々のイニシアティブから始まった。最も重要な現実は外側のシステムではなく、出現しつつある未来にともに身を乗り出すことから生まれた共有された想像であった。

共触発（Co-inspiring）――集合体の心を起動する

また二、三年が過ぎた。クライアントへの介入案件は楽しかったが、しばらく前から、そのほとんどはこれらの組織の内部の問題に焦点を合わせたものであることに気がついていた。私は組織の境界を越えた全体的なシステムや社会の問題が最も重要だと確信するようになっていたが、そのような問題に取り組んだことはなかった。

そこである日、私はカトリンとデイナとピーターに励まされて、文句を言うのをやめ、ついに行動しはじめた。企業、NGO、政府など地球規模で活動する主要なプレーヤーのCEOや幹部に話をしはじめたのだ。多国間組織もいくつか含まれていた。「大きな破壊的混乱に立ち向かうという課題が迫っていることはわかっています。どんな組織も自分たちだけで次世代のリーダーたちをこうした破壊的混乱に対応できるように育てることはできないこともわかっています」。私はこんなふうに呼びかけた。「あなたの組織の最も潜在力の高いリーダーの何人かを、一定の時間、セクターを超えたイノベーション・ラボに送り出すつもりはありませんか。将来の破壊的混乱に向き合い、組織の境界を越えて活動する新しい方法を創造することを学んでもらうのです」

驚いたことに、ほとんどの人がイエスと言った。かいつまんで言えば、我々はこのプロジェクトをELIAS（Emerging Leaders Innovate Across Sectors）と名づけ、そこから素晴らしいグループやラボでの経験が生まれた。ＥＬＩＡＳラボに参加した二八人のほとんどが、人生を変えるような影響を受けた。そこで開発された短期的なプロトタイプも大いに期待できるものだったが、こうしたイニシアティブの長期的な影響は驚異的であった。プロトタイプは、無公害車から再生可能エネルギー、政策立案へのデザイン思考の適用まで、幅広い問題に焦点を当てていた。あるグループは三つのセクターにまたがるＥＬＩＡＳのアプローチをまずインドネシアで、後には中国のさまざまな州で、国レベルで再現した。

それまでにもさまざまな試みをしていたが、このイニシアティブの複合的な影響に勝るものはなかった。しかし私は誰に頼まれたのでもなかった。このイニシアティブはシステムを観察することから生まれた。起きていること、起きていないことに気づき、うまくかみ合わないことに失望し、そしてその経験から現れ出る意図に気づくことから生まれたのだ。それが最終的に私を行動に導いた。

今考えると、ＥＬＩＡＳは個人や組織の枠を超えた**生成的な社会的な場**を起動したと思う。心の知性を起動し、それとともに参加した個人の間に、決して消えることのない計り知れないレベルの信頼を醸成した。この小さな物語では、我々講師陣は空間を保持することに力を注いだ。参加者に指示はしなかった。プロセスとツールだけを提供し、彼らが生成的な社会的な場を創り出すインスピレーションをともに得るのを助けた。しかしその後、彼らはそれを自分たちのものにしていった。

共創造——集合体の意志を起動する

二〇一三年、私はMITのマネジメント・スクールでカトリン、デイナ、フィル・トンプソンと集まっていた。三人とも都市研究・計画学部（DUSP）に所属していた。フィルはラファエル・レイフ学長とDUSPの教授陣との会議の印象を語ったところだった。学長はMITの教育と学習の刷新について示唆に富むスピーチをしたのだった。フィルが話し終えると、四人は顔を見合わせた。新しいフォーマットや手法、ツールに関して我々は多くを提供できることは明らかだった。しかし、そのような組織のイノベーションを行う機会にどのように適応していくかは大きな問題だった。私は自分の中で苛立ちが募ってくるのを感じた。組織に違和感を覚え、ボトムアップでシステムのパラダイムを変えようとする人なら誰もがよく知っている感覚だ。しかし我々四人は、何ができるかについて真に創造的な会話をした。

翌朝、私はレイフ学長にメールを送った。数時間後、彼はデジタル学習の責任者のサンジャイ・サルマにつないでくれた。サンジャイは私のMITのUラボのクラスをMOOC——大規模公開オンライン講座——にしてはどうかと提案した。彼とレイフは、すべての教育コンテンツをすべての人に無料で公開することによって、知識の壮大な民主化における世界的なリーダーになろうとするMITの試みを先頭に立って進めてきた。彼らのイニシアティブが生み出したものは、今ではグローバルなオンライン学習プラットフォームとしては最高の二つのうちの一つであるedx.orgとして結実している。私はサンジャイの提案に喜んで同意した。

その後、二〇一五年に最初のUラボMOOCを始動させた。二〇一七年現在、一八六カ国から一〇万人以上の参加者が登録されている。こうして私のクラスの規模はキャンパスでは五〇人だったが、UラボMOOCを介して、約一年で五万人に成長した。

どうしてこんなことが起きたのだろう。世界中のあらゆるところに分散した教室の教師として、自分自身の役割をどのように作り直せばよいのだろう。これについては改めて詳しく論じる。ここでは、こう指摘するだけにとどめておこう。MITで教えているときの私の役割と、何百もの現地コミュニティからなるこのグローバルな生態系のファシリテーションを仲間と行うときの私の役割は異なる。その最大の理由は、後者の場合、教室がきわめて広く分散していて自己組織的であることだ、と。

我々はUラボの第一期を終えるにあたって、次のように述べた。「心から感謝します。みなさんとともにこの経験を創造するのはとても素晴らしい経験でした。このセッションで我々のプログラムを終わります」。すると参加者からこんな言葉が返ってきた。「何を言ってるんですか?　これでおしまいになんてできませんよ。何が起きているか気づかなかったのですか?何かが生まれようとしているんです。より良い世界にするために協働する、意欲的なチェンジ・メーカーのコミュニティです」

そこでUラボのコアチームのアダム、ケルビー、ジュリー、アンジェラ、リリとこの反応を検討して、もう一つのセッションを予定に加えた。そして各地のUラボのハブを回って「聴く」ための旅に出た。何がうまくいき、何がうまくいかなかったか、集合体としての我々の旅では次にどんなことを目標とするべきかを学ぶためである。

この共創造の物語では、我々の意識は、グローバルなコミュニティが生まれ、進化するための空間を保持することに再び集中している。

反応から再生へ

私がこれらの小さな物語を紹介したのは、年月とともにシステムと自己の関係がどのように変化してきたかを示すためだ。最初、システムは敵だった。次に、システムと自己のつながりを見ることから、システムの裂け目を見ること、システムを変えるのを助ける方法を学ぶことへと進化した。後半の共想像、共触発、共創造の物語はすべて、マルティン・ブーバーが次のように巧みに言い表した状態を通して行われる同じ型の変形である。「彼は自己から生まれ出るもの、世界の存在の推移に聞き入る。それによって支えられるためではなく、それが望む現実にそれを導くために」

このような意識は内面と外側の両方に焦点を合わせ、生まれ出て姿を表すことを望んでいる何かのために空間を保持することに注目する。三つの例のわずかな違いは、未来が共定義されている程度による。最初の例では未来はほぼ共定義されている（共想像）が、二つ目の例ではそれほどではなく（共触発）、三つ目の例では定義されている程度が最も低い（共創造）。

三つの物語を時系列的に紹介したが、ここであまりにも直線的な進み方を主張したいわけではない。現実にはもっと複雑で、多層的で、進んだり戻ったりする。しかし、無視されることが多いこの微妙な源の次元に注意を向けていただきたい。つまり**根本的な変化を起こす重要なてこの支点《レバレッジ・ポイント》は、チェンジ・メーカーとしてのあなたが、変えたい、生み出したいと思っているシステムとどのようにかかわるかに意識を向けることから始まる**ということである。

第Ⅱ部

意識に基づくシステム変革の方法

企業であれ、政府であれ、市民社会であれ、リーダーにとっての最大の課題は同じだと私は考えている。お互いを必要とする利害関係者グループが、**私**から**我々**へ、つまり**エゴ**システムの気づきから**エコ**システムの気づきへと移行するようシステムを変えられるようにすることである。

それにはどうすればよいのだろう。第5章では、一つの手法、過去二〇年にわたって行ってきた無数の実験と応用から進化してきたやり方を紹介する。

第5章 一つのプロセス、五つの動き——未来からイノベーションを起こす

プレゼンシングはグループや利害関係者が未来を共感知し、共創造することを可能にする手法である。根底からのイノベーションを起こすには、生成的な社会的な場を起動するために、ダウンローディングのパターンを保留する必要がある。Uプロセスの五つの動きは次の通りだ。

- 共始動（Co-initiating）……共通の意図を明らかにする——最初の器《コンテナー》を作る。
- 共感知（Co-sensing）……システムの周縁部から現実を観る——横のつながりを確立する。
- 共プレゼンシング（Co-presencing）……自分の最高の可能性につながる——縦のつながりを確立する。

・共創造（Co-creating）……行動を通して学ぶためにプロトタイプを作る――新しいものを現実のものにする。
・共形成（Co-shaping）……新しいものを具現化し、組織化する――より大きなエコシステムを進化させる。

次にこのプロセスの主要な原則と実践法を簡単に見ていく。

共始動――共通の意図を明らかにする

プロセスの出発点は、ともに進んでいくコアグループのための器を作ることだ。この第一段階が後のプロセスとその影響の基盤となる。共始動の第一歩は、共通の意図を明らかにすることに焦点を合わせる。鍵は、聞くことだ。

・自分自身の意図、あるいは人生が、あなたにするよう呼びかけることに耳を傾ける（自分自身に耳を傾ける）
・現場での自分のコアパートナーに耳を傾ける（他者に耳を傾ける）
・今、あなたがするよう求められていることに耳を傾ける（出現するものに耳を傾ける）

企業での例——金融を利用して社会や環境の課題に取り組む中規模の「グリーン」銀行と仕事をしたとき、経営委員会は銀行のビジネスモデルを刷新する必要があると判断した。ＣＥＯは、経営幹部と何人かの国別責任者に加えて、新しい戦略的展望を策定し、機会をプロトタイプに転換するのに欠かせないと見られている人々からなるコアグループを招集した。

二日間にわたって行われた発足会議で、グループは業界の破壊的混乱を引き起こしている要因を特定し、重要性に従ってランクづけした。彼らは次のような問いかけをした。「小さな変革で我々が活動しているシステムに大きな影響を与えられるのはどんなことか」。「変えられる要素の中で業界の進化に影響を及ぼすことができるのは何か」。チームが特定した一つの要因は、「持続可能性が主流になる」ということだった。彼らは、Ｙ世代の人々の八三％は、企業が持続可能性などの問題に対する立場を明らかにすることを望んでいることを知っていた。したがって銀行の課題は、かつては自身の最大の差別化要因であった環境と社会への意識が今や主流になった市場で、自らをどう差別化するかを考えることであった。

もう一つの要因はデジタル技術による破壊であった。古いビジネスモデルは、より良いサービスをより安くより速く提供して伝統的なサービスを破壊するフィンテック企業（金融サービスを提供するハイテクベンチャー企業）からの挑戦を受けている。ビル・ゲイツが言うように、「銀行業務は必要だが、銀行はいらない」のだ。こうした要因を特定し、優先的に取り組むことに決めたあと、グループは共感知による学びの旅を計画するための青写真を描いた（次のセクションで紹介する）。グループはラボの旅の指針となる、最初の意図表明と問いも作成した。

複数の利害関係者がかかわった例――ブラジルの食糧と栄養に関する社会的イノベーション・ラボ、ノボス・ウルバノスは、サンパウロ出身の若い社会起業家、デニーゼ・シャエルのアイデアから生まれた。サンパウロでのプレゼンシング・インスティチュートの基礎プログラムに参加しているとき、ブラジルの大都市の消費行動と社会経済的関係を変えるというアイデアを思いついた。対話《ダイアログ》とフォーカスグループの集まりを続けるうちに、彼女はシステムの重要な要素である食糧と栄養に的を絞ることにした。

デニーゼは変えたいと思っているシステムのマイクロコズム、食糧と栄養にかかわるシステムの代表者たちを部屋に招き入れた。専門家や活動家だけでなく消費者などの既存のシステムの影響を受けている人たちも招いた。こうして多様な人々が集まったグループは、システム全体を地図に描いていった。そうすることによって、たとえば学校で砂糖がたっぷり入った飲み物を売っている巨大多国籍企業や、家庭で健康的な食習慣を子供に身につけさせようとしない親など、各自が問題のどんな要因となっているのかを理解することができた。このグループが作成した地図は、今でもブラジルの専門家が食糧システムとその課題を説明するときに使われている。

共始動で生み出すべき成果

共始動の動きの間にどんな活動をするにせよ、その段階の終わりまでに以下の各項目を生み出している必要がある。

1. 何を創造したいのかという共通の意図
2. 探求する必要がある重要な問い
3. イニシアティブを導くコアグループ
4. Uプロセスに打ち込むコアチーム
5. 深い傾聴と会話の実践法
6. 効果的なサポート体制
7. 資源——人、場所、予算
8. 探求する必要がある原動力の最初のセット
9. 学びの旅の候補案の最初のリスト
10. 前に進むための最初のロードマップ

原則

U理論の手法は、Uに沿った共始動から共形成までの五つのグループにまとめられた二四の原則として提示される。二四の原則は、全体として働くことを示すために、五つの動きを通して番号をふった。

1. 人生があなたに何をすべきかを呼びかける声に耳を傾ける

Uプロセスの核心は、今の瞬間に存在し、意識的に共創する能力を強化するということだ。エド・シャインのプロセス・コンサルテーション（PC）の手法は、「つねに相手の助けになるように努めよ」と、「つねに現実に取り組め」という原則から始まる。同じようにプレゼンシングのUプロセスも注意《アテンション》を向けることと意図《インテンション》に主眼を置くことから始まる。「人生が自分に何をすべきかを呼びかける声に耳を傾けよ」である。あるいはマルティン・ブーバーの言葉を借りれば、「彼（彼女）は自己から生まれ出るもの、世界の存在の推移に聞き入る。それによって支えられるためではなく、それが望む現実にそれを導くために」。Uの手法はその元となっている一つの源として、プロセス・コンサルテーションに深く根ざしている。

2. 周縁部にいる関心を引かれる人々の言葉に耳を傾け、対話《ダイアログ》をする

「聞く」ことの二番目の領域では、なじみのある世界からあなたを引っ張り出し、システムの隅や周縁に目を向けさせる。自分と人との関係のより大きなエコシステムの中の関心を引かれる人々とつながり、話をしよう。よく目立つ人とも、それほど目立たない人とも話をする。後者は、

コミュニティの端に追いやられ、十分なサービスを受けられず、現在のシステムでは声をあげられない人々だ。この小さな旅が進むにつれて、その場によって導かれるのに身を委ねよう。出現しつつある機会に注意を集中しよう。最も重要な援助者、パートナー、導き手が、自分が期待していた人々とは結果的に違うということがよくある。したがって、ここでの自分自身の内面的な作業は、示唆されるものに心を開いたままでいることだ。

3．意図と核心的な問いを明らかにする

探求の指針となる意図と核心的な問いを明らかにするという最初の段階を急いではいけない。コンサルティング会社のＩＤＥＯのデザイナーたちと仕事をしたとき、実際にプロジェクトを開始する前に、彼らが準備にかける時間の多さに私は強い印象を受けた。ＩＤＥＯのリーダーはこう説明した。「創造的なデザイン・プロセスの質は、出発点を定義する問題提示の質で決まります」

4．共通の意図を軸に多様なメンバーによるコアグループを招集する

行動を起こし、前進するために互いを必要とするプレーヤーを集めよう。共始動の反対がマーケティングだ。つまり、自分のアイデアに対して人々の支持を「取り付け」ようとすることだ。これがうまくいくことはない。なぜなら、それは自分だけのアイデアだからだ。したがって、

こういうプレーヤーを集めるためには、自分のアイデアにあまり強く執着しないことである。これは必ずしも諦めるという意味ではない。意図的に未完成の絵を描くことでリードするのだ。少し筆を入れただけの絵を描く。空白部分を広く残し、ほかの人々が貢献できるようにするのである。このようにすることで個人の当事者意識から共有された当事者意識へ、そして当事者意識から帰属意識へ、より大きな社会的な場《ソーシャルフィールド》の中での自分の役割を理解することへ力学をシフトするのだ。イニシアティブの影響の質は、コアチームが共有する意図の質によって決まる。

5. 器を作る

そして共有された意図の質は器、つまり関係のネットワークを形成し育てる保持空間《ホールディングスペース》の質によって決まる。影響力の強い器を作るのに最も重要なこの支点は、**方向性を定め**、場を呼び覚まして起動する出発の時点にある。器作りには外側と内側の状況が含まれる。最も重要なことは、さまざまな声と全体に耳を傾けることである。プレゼンシングについてのセクションで紹介するサークルオブセブンの例で、この側面について詳しく説明する。

実践

次に、私がコアグループを招集するときやファシリテーターを務めるとき、特に共始動の段階で使ういくつかの基本的な実践を紹介する。

実践1

意図的に静寂を作り出して一日を始める。意図的な静寂、あるいはマインドフルネスによって、騒音や本質的ではないあらゆることを手放し、自分がそのために役に立ちたいと思っている目的と意図につながることができる。それらに波長を合わせることで一日の方向性が決まる。

実践2

毎日の終わりに四分ほどの間、あたかも自分自身を外側から観るように観察する。他人とどのように交わったか、ほかの人から何をしてほしいと言われたかに注意を向ける。何も判断をせずにこれを行う。ただ観察する。そのうちに、内面の観察眼が成長して自分自身を他者の視点で観ることができるようになる。

実践3

生成的な聞き方を起動するには、あなたが話を聞いている人を好きにならなければならない。それが難しいこともある。そういう場合は、自分の中で、相手（あるいはその人のある側面）に対する惜しみない称賛と好意に満ちた関心を掻き立てよう。これは意図的に起動させることができる内面的な姿勢である。それができなければ、少なくとも自分の心の中に相手を歓迎する場所を作ることから始めよう。

▼**実践4**

パートナーになる可能性のある人と共始動しようとするときは、つねに以下の点を忘れないようにしよう。

- 全体の進化のために仕えようとする意図を明らかにする。
- 人とつながろうとするときは、自分の「心の知性」を信頼する。
- 問題や機会をとらえる際には自分とは異なるやり方も受け入れる（利害関係者によって強調することは異なる）。
- パートナーになる可能性のある人と、組織上の役割や責任だけでなく、彼らの最高の未来への目的意識を通してつながる。
- コアグループを招集するときは、重要なプレーヤーや「クレイジーな」活動家、つまり実現するために全身全霊を傾ける人々、それに現在のシステムでは声をあげることができない人々を含めるよう考慮する。
- 居心地のよい場所を作る。

吹雪の中の誕生

二〇〇五年一二月、カトリンと私は、グローバルなプレゼンシングを実践する学校の基盤の共始動に着手するために、実践者、研究者、活動家の小さなグループを招いた。一二月の初めに、一二人ほどの人々がマサチューセッツ州ケンブリッジに集まった。我々はＭＩＴからチャールズ川沿いのＳｏＬの事務所までの短い距離を歩くことにした。ふつうに歩いて一〇分とかからない距離だった。ところが、その日は雪が降っており、歩くうちにどんどん積もり、視界は悪くなる一方だった。車は一台も通らない。まるでスローモーションの映画でシベリアの雪の原野を歩む孤独な俳優のようだった。吹雪は歩きながら瞑想をする特別な場を与えてくれた。その日、吹雪はますます激しくなり、雷がとどろき、すぐ近くで落雷があった。稲妻と雷鳴と吹雪に同時に見舞われるという稀な天候は、我々の誰にとっても初めての経験だった。我々はそれを母なる自然の歓迎として受け取った。最初の共始動のミーティングで我々は、根本的な文明の刷新を起こすことができる状況を育むための、気づきに基づく変革のための保持空間を創り出すという目標を掲げた。誰もがミーティングを自分の問題と受け止め、意欲を掻き立てられたが、壮大な（あるいはそれほど壮大ではない）計画らしきものさえ生み出すことはできなかった。しかし、それが全体の方向性と意図を定めたのである。

共感知——システムの周縁部から現実を観る

コアグループとともに共通する意図を始動したら、次のステップは、共感知、プレゼンシング、プロトタイピング、組織化の全段階を通って深く潜るイノベーションの旅をするチームを作ることだ。**コアグループ**（経営陣の支援者を含むことが多い）と**チーム**は重なる傾向がある。小さなシステムでは完全に重なることもある。しかし、大多数の複雑なシステムでは、それほど重ならない。

共感知の本質は、自分を覆う膜（バブル）を破って外に出ることだ。バーチャルなバブル（ソーシャルメディアの反響室）、組織機構のバブル（組織の反響室）、自分自身の親和性のバブル（仲間として群れたい人々）が、我々をダウンローディングの世界、いつもと同じ世界に引き留めている。共感知の核心は、自分の状況にとって重要ではあるがなじみのない新しい状況に身を浸すことである。

それがなぜ重要なのか。認知科学者、フランシスコ・ヴァレラは子猫を使った実験の話をしてくれた。子猫は生まれて数日たたないと目が開かない。この実験では、生まれたばかりの子猫を二匹一組にし、一匹の背中にもう一方を乗せてくくりつけた。どの組も、移動できるのは下の子猫だけだ。上の子猫（背中に乗っているほうの子猫）は同じ空間の動きを経験するが、足は動かさないで済む。それは下の子猫に任せているわけだ。この実験の結果、下の子猫はまったくふつうに見えるようになったが、上の子猫はそうはいかなかった。ほとんどは見えないままか、視力の発達が劣っていた。実験は知覚が受け身ではできないことを明らかにした。ヴァレラが言いたかったのもこの点だ。知覚はすべての感覚を研ぎ澄まして全身で実行しなければならないのだ。

今日の制度化された学習の大きな部分とイノベーションの実践法の多くは、上の子猫のように見える。足で動き回ることを下の子猫に任せているのだ。我々は本来自分の足で実践すべき仕事をコンサルタントや専門家、トレーナーに外注している。単純な問題ならそれでもいいだろう。しかし真のイノベーターであれば、一番したくないのは学びの旅への意欲を掻き立てるという仕事をコンサルタント任せにすることだ。こうしたつながりが未来への種をこの世にもたらすのであるから、自らそこへ赴かなければならない。

鍵は、場の細部に全身で没入することだ。顧客を研究するだけでは十分ではない。自分が患者や顧客、コミュニティの端に追いやられた人々に**なる**ことが必要だ。

企業での例——私は世界的な自動車メーカーのイノベーション・プロセスのファシリテーターを務めたことがある。目的は自動車の自己修理機能を改善することだった。チームは二カ月をかけてヨーロッパ、アジア、アメリカで学びの旅をして回った。チームの一部がボストンに来たとき、学びの旅の一環として伝統中国医学（ＴＣＭ）の専門家をケンブリッジに訪ねた。チームはＴＣＭの専門家にどのようにして人間の体の自己治癒能力を高めているのかと尋ねた。すると、身体は意識の状態によって異なる治癒の仕方をするということだった。つまり覚醒している状態、夢を見ている状態、熟睡している状態で治り方が違うというのだ。数週間後に深く潜るためのリトリートで再び集まったとき、ある小グループは車が夢を見ている状態をプロトタイプするというアイデアを生み出した。人間の体が眠っている間にするのと同じように、夜の間に車が自己分析と自己修理のプロセスを行うというものだ。

ワークショップの締めくくりに、会社の経営陣の支援者たちが結果を見るためにやってきた。彼らはこのイニシアティブを最も有望な二つの一つに選び、プロトタイプを作ることに決めた。今日では、こうした自己分析と自己修理の機能は多くの車（この会社のものを含む）に実装されている。

患者と医師の対話――数年前、私はドイツで、医療システムにおける患者と医師の関係を調査している学生グループと仕事をした。そして、学生たちが一三〇人の患者と医師にインタビューを行い、その後の検討期間に、患者と医師の関係に見られる四つのレベルを特定することができた（図12）。

患者と医師を感想や意見を聴く会に招き、彼らが語ったいくつかの関係の質を彼らに示した。各レベルにつき一つの発言を読み上げた。そのあとで、小グループに分かれて自分たちがどの位置にいると考えているかを話し合ってもらった。そして参加者一人ひとりに、医療システムを表す氷山の絵に二つのシールを貼ってもらった。黒いシールは自分自身の経験を表し、白いシールは将来に期待するレベルを表している。

患者と医師の九五％以上はレベル１か２に黒いシールを、レベル３か４に白いシールを貼った。そこで私は、みなが望んでいるような行動をするのを妨げているのは何なのかと尋ねた。そして、つまるところ、「システムは**あなた方**だ」ということを指摘した。システムはベルリンにいる「彼ら」ではなかった。システムは、その部屋の、まさにそこにいた。彼らの間の関係から生まれていた。

針が落ちても聞こえたかもしれない。しんと静まり返ったあと、それまでとは異なる種類の会話が生まれはじめた。人々は深く考え、思いやりのある問いかけをしはじめた。ある参加者はこう言った。「私たちは集団となるとどうして誰も望んでいない結果を生み出してしまうのだろう」

医師たちが日々経験している苦労、重圧、落胆などを率直に語り終えると、一人の男性が立ち上がり、この町の町長だ

図12　患者と医師の関係性の氷山モデル

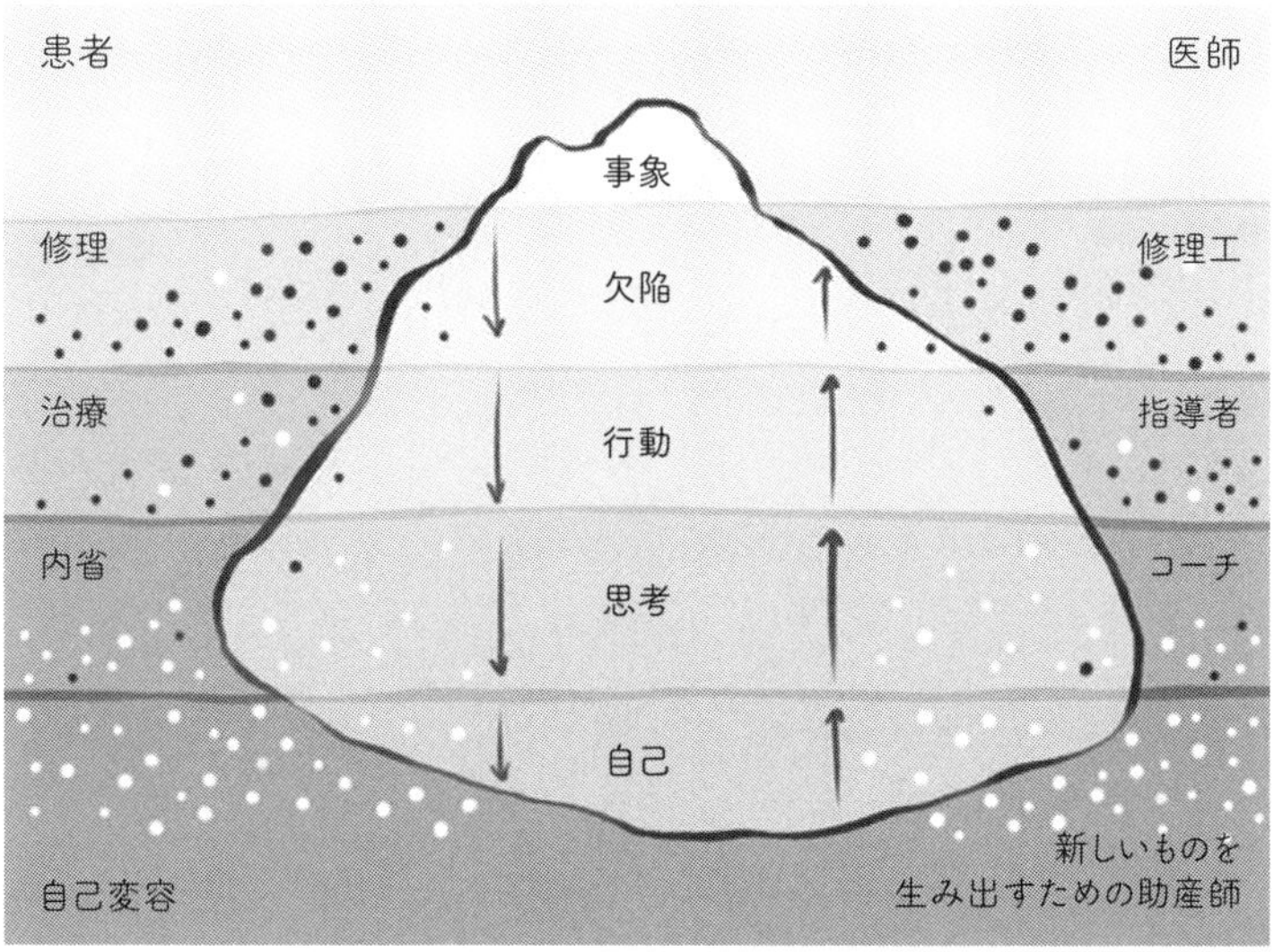

と自己紹介した。「医療システムの問題は、政治や行政でもまったく同じです。いつもレベル1とレベル2で活動している。これまでいつもそうしてきたように、問題や危機に反応しているだけです。しかし、このより深い二つのレベルから活動すれば、何か違うことを起こせそうな気がします」。町長が座ると、しばらく沈黙が続いた。

すると、部屋の反対側にいた一人の女性が立ち上がった。「私は教師です。近くの学校で教えています。それで、あの……聞いてくださいますか」。彼女は言葉を止め、町長とみんなを見た。「学校でもまったく同じ問題に直面しているのです。学校でやっていることも、最初の二つのレベルの活動だけです」。彼女は白と黒のシールが貼られた図を指差した。「私たちは機械的な学習方法を中心に授業を進めています。過去のことを記憶し、古臭い知識をテストすることに力を注いでいます。子供の知的好奇心や創造性、想像力を伸ばす方法は教えていないのです。いつも危機に反応しているだけです。これでは（氷山の図のレベル3とレベル4を指して）そういう学習環境を作ることは絶対にできません。そういう環境なら、子供たちは自分で将来を形成する方法を学べるのに」

私の隣にいた男性が立ち上がって、こう言った。「私は農家です。我々の問題もまったく同じです。今日従来型の農業でやっていることは、レベル1とレベル2で決まりきった問題をいじくり回しているだけです。化学肥料、農薬、ありとあらゆるものを土壌に注ぎ込んでいます。まったく、子供の頭に生命のない物事を叩き込むのと同じです。今の農業は工場で物を作るようなものであり、過去の機械的な解決法で症状や問題に立ち向かうことしか考えていません。農場や地球全体を生きた有機体として、集合的かつ共有の保持空間《ホールディングスペース》として認識することができないのです」

その朝の会話に参加した人は、みな、より深いつながりの存在《プレゼンス》を感じた。人々はただ一緒に話をしているのではなかった。ともに考え、ともに感じていた。ゆっくりと、時には沈黙をはさみながら話していた。人々は何かに動かされているかのように、自身の脳内にとらわれ、ばらばらの個人として議論する一方だった通常の状態を、いつの間にか超えていた。

共感知で生み出すべき成果

共感知の段階で何を行うにしても、次に挙げるものを必ず生み出さなければならない。

1. 問題となっているシステムを改革する原動力として最初に挙げた項目を見直したもの
2. 本質的な問いとして最初に挙げたセットを見直したもの
3. そのそれぞれに関連した機会についての一連の洞察
4. 各メンバーとそういう機会との個人的なつながり
5. 大きな機会を感じ取る「スイッチが入った」コアチーム
6. システムが現在の軌道から離れるのを妨げているシステム固有の障害のマッピング

7．利害関係者間の生成的な関係を築く能力の向上

原則

6．強くコミットしているコアチームを編成する

コアチームには、主要な利害関係者グループの多様性を反映させること、必要な才能や能力を集めること、そして一定の期間（たとえば四カ月か五カ月、あるいは九カ月）、何よりもプロジェクトを最優先させることが重要だ。

次に挙げるのは、コアチームを集めて最初に行うワークショップで確認すべき項目のリストだ。フォーカスとコミットメントを生み出すには、次のことを明確にしておく必要がある。

- 何――何を生み出したいのか。
- なぜ――なぜそれが重要なのか。
- どのように――そこへ到達するためのプロセス。
- 誰――参加する重要なメンバーすべての役割と責任。
- いつ、どこで――プロジェクトを進めるためのロードマップ。

以上のほかに、最初の集まりでは通常、次の要素を加える。チームビルディング、未来を体現

する感動的なスピーチをする人、原動力・核心的な問い・学びの旅について見直したバージョン、対話《ダイアログ》インタビューと感知するための実践の「ミニトレーニング」。

7. 最も可能性のある場所へ学びの旅《ラーニングジャーニー》★をする

学びの旅《ラーニングジャーニー》は、可能性のある未来を創造していく上での文脈《コンテクスト》やアイデアに人々がつながるのを手助けしてくれる。深く状況へと身を沈める学びの旅《ラーニングジャーニー》は、行動を生み出す視点を、なじみのある内側の世界――組織機構の膜の中の世界――から、外側にある新鮮で驚きを伴った、心乱されるが刺激的な新しい世界へと移行させる。深く潜る旅はベンチマークを行う旅行ではない。参加者がその場に完全に浸りながら直接的な実践を観察することによって、出現しつつある現実の深いレベルにアクセスするためにある。そこでは、シャドーイング、参加、対話《ダイアログ》を組み合わせて行う。

8. ひたすら観察する――内なる評価・判断の声を保留し、不思議さに驚嘆する感性とつながる

近代進化論の父、チャールズ・ダーウィンが、いつもノートを携え、自分の理論や予測と矛盾する観察やデータを記録していたのは有名だ。人間の頭は自分がなじんできた枠組みに合わないことをすぐに忘れてしまう。彼はそれを熟知していた。

ベルリンの壁が一九八九年の秋に崩壊すると、西側諸国の政府は口々に、壁の崩壊は青天の霹靂

★ 学びの旅（ラーニングジャーニー）……現地視察と同様に、実際に現地に赴き関係者へのインタビュー等を通して社会システムで起きていることを実感する手法

であり、こんな地政学的な移行は誰も予想できなかったという見解を表明した。それはほんとうだろうか。そのちょうど二週間前、カトリンと私は国際的な学生グループとともに東ベルリンに滞在し、公的機関の人や市民運動の草の根活動家たちと話し合っていた。反体制運動のメンバーたちとの会話の場で、平和研究家のヨハン・ガルトゥングは、ベルリンの壁は確実に一九八九年末までに崩壊するだろうと述べた。反体制派の誰も同意しなかった。ガルトゥングの教え子である我々も、東欧の社会主義体制が崩壊の瀬戸際にあることの証拠が見えていなかった。ガルトゥングの予言は、ちょっと現実離れしているのではないか、とても信じられない、と思った。しかし、そうではなかった。旅行中、我々が得たものとまったく同じ情報に触れていたのに、ガルトゥングには明確な結論がはっきりとわかった一方で、我々は「そうかもしれないが、やはりそんなことはあり得ない」という、曖昧なものの見方を膨らませていたのはなぜなのか。

　最大の違いは、知識の量ではなく、ものの**見方**にあった。彼はより自制のきいたよく訓練された方法で世界に注意を払っていた。彼は習慣的な判断を保留《サスペンド》し、目の前の現実により深く注意を払うことができた。

　不思議さに驚嘆する感性に心を開くことができるのは、判断を保留したときだけだ。驚嘆するとは、ダウンローディングのパターンを超えた世界に気づくことだ。驚嘆し、不思議に思うことは、Uプロセスに成長し、思考パターンや過去の経験にとらわれている我々を解放する「種」である。

9. 深い聞き方と対話を実践する――思考と心を広く開いてつながる

ほかの人々や状況《コンテクスト》とつながるときは、聞き方の四つの「チャネル」のすべてを大きく開く。四つのチャネルとは、自分がすでに知っていることを元に聞く、自分を驚かすところから聞く、全体から聞く、出現したがっているとあなたが感じるものから聞く、である。

私はカリフォルニア大学バークレー校のエレノア・ロッシュに尋ねたことがある。「どうすれば全体とつながれるのでしょうか」。彼女はこう答えた。「**心を通して**つながるんです。どんな瞑想の体系でも、心は感傷的ではありません。ヨガ哲学的な深い中心点なのです」。深い聞き方のポイントは、心と感情を知覚器官として使うことだ。そうすれば、ロッシュが言うように「知覚は全体から働きはじめる」。

10. 集合体として意味を理解する――ソーシャル・プレゼンシング・シアターと具現化された知を使う

学びの旅《ラーニングジャーニー》での集合体としての意味の理解は、二段階で起こる。第一段階では、長い時間をかけて、すべての経験と場の声に、自制的な注意を向ける。たとえば、学びの旅を振り返る会では、参加者に利害関係者との会話の中で発せられた重要な一言を発表してもらうことが多い。それをギャラリーの美術作品のように壁に貼り出す。チームは「ギャラリー」を無言で歩き回ったあと、ともに熟考し、そうした言葉の趣旨をほかの観察結果と結びつける。

もう一つの実践は、「フィールドからの声」と呼ばれる。丸くなって立つか座るかして、自分が会ったことがある人の心からの声がそうさせているかのように話す。こんなふうに言う人がいるかもしれない。「私は社会起業家で、とても明確なビジョンを持っていますが、それをうまく伝えることができません」。これを一人ずつ行う。すべての声を聴き終わったら、参加者一人ひとりが自分の日誌に観察したこと、聞いたことを書き込む。そして、三〇分間、二人一組で歩きながら対話をして、各自が観察したこと、考えたことを相手と共有し、全体に戻って出てきたテーマについて話し合う。

あるいは、丸くなって座って、円の内側に利害関係者の構成全体の地図を作る。次に人々は自発的に立ち上がり、その部屋にほんとうの声を届けたいと思っている利害関係者であるかのように話をする。我々はこのプロセスを「現在の現実を撮った映画《カレント・リアリティ・ムービー》」と呼んでいる。ルールは、自分自身の役を演じることはできないこと、必ず自分が実際に経験したことを反映させなければならないということだけである。こうすることで、自分の役割がほかの人の目を通すとどのように見えているのかがわかってくる。

学びの旅《ラーニングジャーニー》の意味を理解するためにどんなプロセスを使ったとしても、最も重要なのは、次々と場から発せられるすべての声、表明されるすべてのことに、自制を効かせながら注意を向けることである。自制を効かせた注意を向けるとは、自分の解釈や解決策を交えたくなる気持ちを意図的に押しとどめることである。それらすべてを保留するのは、「場《フィールド》」の中にある情報《データ》そのものに語らせたいからだ。しかし、頭の中で意見を表明したり解決策を提案したりするのにかまけていれば、「場」の情報《データ》はあなたに語りかけることができない。

集合体として意味を理解する第一段階が、場に表れ出るさまざまなことすべてに注意を向けることであるなら、第二段階は変化が起きる段階である。場、あるいは集合体の思考に語らせることである。

第二段階では、シナリオ思考、システム思考、ワールド・カフェ方式など、さまざまな手法やツールが使われる。しかし何にもまして重要なのが、ソーシャル・プレゼンシング・シアター（SPT）である。SPTは、私の同僚、アラワナ・ハヤシとともに開発し、彼女が主導している手法で、マインドフルネスとソーシャル・サイエンス・シアターとコンステレーション・ワークを統合したものだ。theater という語は、「見る場所」あるいは「注視する」を意味するギリシャ語 theatron に由来する。SPTの焦点は、社会的な場の深い構造、そしてその進化の可能性を可視化することにある。

共感知の動きのこの第二段階では、3Dのマッピング（モノを使う）と4Dのマッピング（SPT）が非常に役に立つ。次にこれらの実践を紹介するが、edx.org の無料オンラインUラボ講座とプレゼンシング・インスティチュートのウェブサイトでも紹介ビデオを公開している。どちらも www.presencing.org に直接リンクがある。

実践

今日の組織機構や社会には、多くの集合的ダウンローディングの仕組みがある。しかし、ダウンローディングの仕組みと違って、共感知の仕組みは、ともに観《シーイング》ることを行い、対話のもたらす力によって、使われていない集合的創造性の源を活用する。共感知の動きでは、次に挙げる一連の実践を実行することでこれを行う。

実践1

毎晩四分間、その日どういうふうに共感的な聞き方(開かれた思考と心)と生成的な聞き方(開かれた思考と心と意志)で聞いたかを振り返る。深い聞き方をしていたことが一つも思い浮かばない場合は、そのことについても考えてみる。これを一カ月続ければ、聞き手としての能力は劇的に向上する。必要なのは、四分間の振り返りを一日も欠かさず続ける根気だけである。そして、可能であれば、同じことをして互いに経験を共有し合う仲間を二、三人見つけよう。自分の周りでそういう人が見つからないなら、www.presencing.org にアクセスしてUラボのコミュニティにつながろう。Uラボは、こういう種類の実践を行いたい人々をつなぐ無料のオンライン講座だ。

聞き方の四つのレベルがどのように区別されるかを次に説明する。

- **聞き方１——習慣的**……この聞き方は自分の目の前にいる人からではなく、自分が知っていること、自分の内なる批評家から生じる。関心は、自分がすでに知っていることの再確認にある。
- **聞き方２——事実に着目する**……目の前にいる現実の相手に注目する聞き方。内なる批評家は消えていく。異なる点に気づく。すでに知っていることとは違うデータに注意を向ける。新しい何かを見る。
- **聞き方３——共感的**……この聞き方は、相手から生じる。その人の目を通して状況を見はじめる。自分の心を知覚器官として使い、相手が感じていること、考えていること、言いたいことに波長を合わせる。
- **聞き方４——生成的**……本質的なことが存在や形を表すための空間から聞き方が生じ、それを保持する。時間の流れ方が遅くなり、自分と他者の境界が崩れはじめる。

実践２

主要な利害関係者を選び、利害関係者との対話インタビューを行う。その中では相手の立場に立ち、自分の仕事を相手の視点から見てみる。インタビューを始める前に、静寂と意図を設定するための時間を取る。ここでは例として、グローバル企業の新しく昇進したディレクターが上司、顧客、チーム、ネットワークといった利害関係者にインタビューするときに使える四つの質問を挙げる。

1. あなたにとって最も重要な目的は何ですか。それを実現するために私が手助けできることは何ですか（何のために私が必要ですか）。
2. あなたの仕事に対する私の貢献が成功したかどうかを評価する基準はどんなことですか。
3. 私が自分の担当する仕事の中で六カ月以内に二つのことを変えることができるとしたら、あなたにとって最も価値があり、最も有益なことは何ですか。
4. 過去に、システムによる障壁によって、私の今の立場にいた人があなたの要求や期待を実現できなかったことがありましたか。あったとすればそれは何でしたか。我々にとって今障害になっているものは何ですか。

実践3

学びの旅《ラーニングジャーニー》は我々を最も可能性のある場所に連れていく。自分に尋ねてみよう。自分が創造したい未来を感じ取れているのだとしたら、その未来とそれをどう実現するかについて最も多くのことを教えてくれる可能性のある人は誰で、場所はどこか。深く潜る旅は、多くても五人（全員が車一台に乗れる人数）までの小グループで行うのが最も効果的だ。その旅ではシャドーイングや対話《ダイアログ》を行うが、可能ならば相手が実際に活動している中で行うのがよい。準備と行動後のミーティングは、良いタイミングで一定のプロセスに従って簡潔に行う。チームメンバーはそれぞれ記録をつける。リアルタイムで記録し、チーム間で情報を共有するためにオンラインのツールを使う。

それぞれの訪問の前に行う準備

- 訪れる場所に関係する情報を集める。
- 訪問先では、人々と語り、シャドーイングを行い、ともに作業をしたいのだということをはっきりと伝えておく。
- チームとしての質問表を用意する（ただしこれにとらわれる必要はない）。
- 効果的な観察とセンシングをするために、簡単なトレーニングセッションを持つ。
- お礼のギフトを用意し、メンバーの役割分担をする（話し手、タイムキーパーなど）。

それぞれの訪問のあとで行うこと

- 活動後の検討会が終わるまで、スマートフォンをチェックしない。
- 活動直後にグループで振り返りの時間を取る。
- 振り返りの会では、見たことと感じたことだけに集中する。

次にいくつか問いの例を挙げる。

1. 特に目についたことは何か。
2. 最も驚いたことは何か。
3. 感動したことは何か。
4. 訪れた組織が仮に生き物だとしたら、どんなふうに感じているだろうか。
5. その生き物が話すことができるとしたら、(我々に対して)今なんと言うだろうか。
6. この場に入ったとき、そこから出たときに、自分自身の何に気がついたか。
7. この場は我々の起こりうる未来について何を教えてくれるか。
8. 我々のイニシアティブに役立つどんなアイデアがこの経験から思い浮かぶか。

実践4

4Dマッピングと呼ばれるプロセスは、三、四時間ほどの小さなUプロセスを実行することによって組織のエコシステムの今の現実を表す地図を描き出すのに使われる。この手法の各段階の詳細は www.presencing.org のSPTのセクションに説明があるが、この手法の要点は次の通りである。

- 身体を使ったコンステレーションまたは彫刻で今の現実（「彫刻1」）を地図に描く。
- その身体を使ったコンステレーションまたは彫刻を変化させ、未来の可能性（「彫刻2」）を表す。
- プロセスを振り返る。

ソーシャル・プレゼンシング・シアター（SPT）——物質と集合体の精神を再統合する

アラワナ・ハヤシがよく言うように、SPTは三つの体が絡み合った存在に働きかける。三つの体の一つ目は「大きな」体、惑星地球である。二つ目は「小さな」体、我々自身の媒体としての身体である。三つ目の体は、我々が集合的に具現化している「社会的な」体である。ほとんどのシステムで我々は誰も望まない結果を集合的に生み出している。しかし、知っていることと行っていることのギャップを埋めるのはとても難しい。何かが足りないからだ。ピーター・センゲがシステム思考の本質と呼んだものが欠けている。それは、集合体の行動（我々がすること）、意識（我々が見ているもの）、意図（我々が見たいもの）を一致させることだ。

企業での例——我々は、世界最大級の企業の一つである中国の国営企業とともにワークショップを行った。そのワークショップで、参加者は円を作ってみなが内側を向き、全員がほかのメンバーすべての顔を見ることができる状態で、非常に調和のとれた「彫刻2」と考えるものを作り出した。あとでその彫刻を振り返ったとき、リーダーたちのチームは、その彫刻の盲点に気づいてショックを受けた。誰も外側に注意を向けていなかったのだ。外側とは、顧客やコミュニティから出てくるニーズである。そこでチームは、それぞれが異なる領域でその盲点を変革することを意図した五つの異なるイニシアティブのプロトタイプを考案した。

最近、私は、「顧客へのフォーカス」が重要な価値であると考えられている二つの企業で仕事をした。しかしいずれの企業も、自分たちの「彫刻1」の状況をマッピングしてみて、実際の業務では顧客にほとんど注意を払っていないことを発見して驚いた。そして、知っていることと行っていることのこのギャップを認識することで、日々の実践で顧客へのフォーカスをよりよく体現できるように、それぞれの組織を変革するという共有されたエネルギーが生まれた。

これらのどのケースでも、違いを生み出しているのは知的な知識ではない。もし私がそこへ行き、「これがあなたたちの彫刻1で、彫刻2に達するためにするべきことはこれです」と言ったなら、何の影響も与えられなかっただろう。しかしSPTはそういうふうに機能するのではない。私が与えたのは手法、ツールだけだ。すると、彼らは半日で、自分たちだけでやってのけ、みなで一緒に自分たちの現実を見るという決して消えることのない集合的な経験を生み出した。マッピングはシステム全体を変革するための旅の三六〇度スキャンのような働きをする。人々に共通の言語を与え、実際にはまだ起きていない失敗であってもそこから学ぶことを手助けしてくれるのだ。

プレゼンシング――最高の未来の可能性につながる

最も可能性のある状況《コンテクスト》に深く没入したあとの次の動きは、自分の知の深い源――創造性と高次の自己の源――とつながることに焦点を合わせる。sensing（感じ取る）とpresence（存在）の混成語であるpresencing（プレゼンシング）とは、自分の最高の未来の可能性から、今、行動することを意味する。

いろいろな意味で、プレゼンシングは共感知と似ている。どちらの場合も、行動を起こさせている内面の場が頭から心へ移る。重要な違いは、感じ取ることが視座を**現時点**の全体性に移行するのに対し、プレゼンシングは**出現する**未来の全体性に移行することだ。

マイケル・レイはスタンフォード大学経営大学院でビジネスにおける創造性についての有名な講座を開いていた。『ファスト・カンパニー』誌が「シリコンバレーで最も創造性豊かな男」と呼んだレイのことは、一九九九年にジョセフ・ジャウォースキーと私がイノベーターたちに行ったインタビューで何度も話題にのぼっていた。その年の末に彼が研究室でインタビューに応じてくれることになった。「どういうふうにして、人々が自分の真の創造性とつながるのを助けているんですか」と聞くと、レイはこう答えた。「私はどの講座でも基本的に同じことをします。

受講者が創造性を引き出す二つの根源的な問いと真剣に取り組めるような学習環境を作り出すのです。二つの問いとは、**私の大きなSの自己《セルフ》とは何者なのかと、私が成すべきこととは何なのかです**」

二つの問いは深く響いた。「汝自身を知れ」という言葉はすべての偉大な知恵の伝統にあまねく見られる。デルフォイにある古代ギリシャの神殿の入り口に刻み込まれていたのを覚えている。インドでガンジーの教えを学んでいたときにその言葉が出てきたことも思い出す。一九九九年に南老師から、中国の哲学では「リーダーになりたければ、本物の人間でなければならない」と聞いたことも覚えている。老師はまた、孔子の「大学」についての彼の解釈を話してくれた。**偉大なリーダーになるには「自分自身を開くプロセスを養わなければならない」**というものだ。南老師とのインタビュー「リーダーシップの七つの瞑想空間に入る」の全文は、PIのウェブサイトwww.presencing.orgで閲覧することができる。

プレゼンシングは、高次の自己を、出現することを望んでいる未来を実現するための媒体として使う。プレゼンシング〔presencing〕という語の語根は**es**で「であること」を意味する。**essence**、**presence**、**present**（**贈り物**）といった語はすべて、この同じインド・ヨーロッパ語の語根を共有している。この同じ語根を持つ古インド派生語は**sat**で、意味は「真実」と「善」だ。この言葉は二〇世紀に大きな力となった。マハトマ・ガンジーがこの言葉を使用し、彼の重要な概念であるサティヤーグラハ（**satyagraha**：非暴力を通して真実を見出すための戦略）を伝えた。同じ語根から出た古ドイツ派生語、sun は「我々を囲んでいる人々」または「我々を囲む存在」を意味している。プレゼンシングは我々を、我々を囲む人々とつなげる。

プレゼンシングのリトリート

プレゼンシングのリトリートは、Uの底で、グループ全員が自分たちの創造性と大きなSの自己とつながることを可能にする特別な保持空間《ホールディングスペース》を創り出す。リトリートは四、五日かけて行い、通常、次のように構成される。第一段階ではチームが発見したことを共有しまとめることと、感じ取る《センシング》活動からテーマを導き出すことに集中する。第二段階では自然の中で一人で過ごす経験と、そのあとで聖なる共有のサークルで結果を振り返ることに焦点を合わせる。第三段階では出現する洞察を結晶化し、プロトタイピングのイニシアティブを創出することに焦点を合わせる。

年月とともに、プレゼンシングのさまざまな実践は、確実で一貫した個人と関係性の深い変化のパターンを生み出すことがわかってきた。MITでは何百人もの学生にこの変化が起きるのを見たし、世界中で行ってきたプロジェクトやプログラムでは何千人という参加者にこれが起きるのを見た。どんなところでも、個人への影響は察知しにくいが深い。しかし組織機構に真の影響を及ぼすには、通常、意図的な介入を持続して行うことが必要で、個人をリトリートに送り出すだけでは結果は生まれない。

プロトタイピングのイニシアティブが実を結ぶのには時間がかかるが、そうなったときは深い影響が長く続く傾向がある。Uの底への旅が、共創造的な社会的な場の「スイッチを入れる」、あるいは起動させるかのようである。そのような社会的な場は、いったん活性化すれば、会話やつながり、行動、ともに考える方法を触発しつづける。

グローバルな自動車メーカーの例

私は過去一二年にわたって、あるグローバルな自動車メーカーと仕事をしてきた。新しく昇進したディレクターが破壊的混乱の状況でリーダーシップの課題に取り組むのを助ける五日間のプログラムを指導するのである。新しくディレクターになった人たちは、ただ一つのチームを率いる立場から、いくつもの大陸、文化、指揮命令系統にまたがる数多くの利害関係者が織りなす複雑な状況の中で、時には数千人、あるいは数万人にものぼる個人からなる複数のチームを指揮する立場へと昇進したばかりだ。クリーンなエネルギーが喫緊の課題であり、交通の破壊的変革が進む業界で、私はどういうふうに手助けをすることができるだろうか。

私はこのプログラムを考案する際、観察することから始めた。社内の組織開発担当者と私は、新しいディレクターたちに密着して観察するシャドーイングに四、五日をあてた。この作業で我々は彼らの立場に立つことができ、仲間のネットワークがない新しい地位で仕事を始めることがどんなに孤独なことかを実感することができた。

参加者の旅は、新しいディレクターとの一対一の対話で始まる。各自がリーダーとして歩んできた旅と、今直面している課題について話をするのだ（共始動）。次に、各参加者はワークショップが始まる前に自身の最も重要な五人の利害関係者に対話インタビューを行う。

ワークショップは、自然がすぐそこにあり、会社の本社にはあまり近くない静かな環境で行う。一日目と二日目は、共感知にあてる。参加者はお互いの個人的な状況と仕事上の状況を共有し合い、ほとんどの時間を事例クリニックのグループで過ごす。このとき七〇分ほどかけて、Uに沿った七段階のプロセスを使う（このプロセスの詳しい手順は、PIのウェブサイトのResourcesのセクションで閲覧することができる）。

次はプレゼンシングの段階である（一日半）。参加者が創造性を巡る最も重要な二つの問い、「私の大きなSの自己とは何者なのか」と「私が成すべきことは何か」につながるのを助ける四つの実践法を使う。自然の中での静寂にも半日を使う。

プログラムの三つ目の段階は、プロトタイピングと実行である。オリビエ・ミソドラマ★の仲間に手伝ってもらって、演劇的な手法を使って、参加者がより真正なリーダーシップのプレゼンスにつながった形で自分たちの意図を伝えられるように手助けする（共創造）。

プログラムの最終段階では、意図を実行に移すために、ビデオ通話による小グループでのピア・コーチングを通して互いに支え合う（共形成）。

この介入に効果があるのは、その意図が多くの企業の研修プログラムのそれとは異なるからだ。あらゆるプレゼンシングの作業の意図は、企業による教化とは正反対である。可能性の幅を狭め

★　神話や演劇、特にシェイクスピア作品を媒介とする組織・人材・リーダーシップ開発コンサルティング組織

るのではなく、広げることだ。大きなSの自己の源を強化することだ。そうしなければ人々をばらばらに引き裂きかねない世界に我々は生きている。人々に自分の会社の内側にも外側にもあるあらゆる選択肢と道に気づかせ、それらを好奇心と共感、勇気をもって追求する方法を認識させることだ。

リトリートでこのような経験をした結果、ディレクターたちが仕事に戻ったとき、以前の状況（変わっていない）と自分自身の間に何らかの距離を感じることが多い。その距離のおかげで仕事が順調に進むわけではない。悩みの源になることさえある（ダウンローディングのパターンに気づいたからだ）。しかし気づきのレベルを上げ、イノベーションの源になることもある。

プレゼンシングで生み出すべき成果

プレゼンシングの動きがどのような形を取ろうと、次のような成果を生み出さなければならない。

1. プロトタイピングを行うイニシアティブのセット
2. それぞれのイニシアティブのプロトタイプを率いるコアチーム
3. それぞれのイニシアティブのプロトタイプの3Dマップ――今の現実、未来の状態、てこの支点を書き入れる

4. それぞれのプロトタイプに関する主要な利害関係者のリスト
5. チームに満ちあふれるエネルギー
6. 前進するための場所と支援インフラ
7. チームに補充する必要がある追加メンバー（パートタイム）の候補者リスト
8. プロトタイプごとの、進み具合と学んだことの評価の目安
9. 出現しつつあるリーダーシップを語る物語《ナラティブ》——我々の物語、自己の物語、「今」の物語
（この最後のとらえ方は、ハーバード・ケネディ・スクールのマーシャル・ガンツから借用した）

原則

11. サークル——器を満たす

深い変化はさまざまな場所で起こるが、この場所は意図的に作り出す必要がある。私の知る限り最も優れた二人のファシリテーターの一人がベス・ジャンダーノアである。グループの前に立つと、何もしていないように見えるのに、一瞬のうちに部屋全体と心と心のつながりを持ってしまうのだ。私はいったいどうやっているのか聞いてみた。「とっても簡単なことです。立ち上がる前に心を開き、部屋中の人に無条件の愛を意識的に送るのです。三〇年以上やってきたことなの。それが愛の場というか環境を作るのです」と彼女は答えた。そして、そのように存在していられる能力は、サークルオブセブンという女性サークルに多くを負っているという。

サークルオブセブンにインタビューをしたいのだがとベスに伝えると、みな同意してくれた。一九九五年に集まりはじめたときの意図は、仕事や私生活で変化を体験している女性を対象にしたプログラムを開発しようということだった。ところが、どんなにがんばってほかの人たちのためのイベントを考案しようとしても、結局、彼女たちは自分自身の生活に向き直ってしまうのだった。後に、サークルオブセブンは新進リーダー向けのプログラムを立ち上げ、自分たちの経験から彼女たちが学べるようにして、初期の目的も果たしている。

私は、サークルのやり方がどんなふうに機能するのか説明してほしいと頼んだ。バーバラがこう答えた。「毎回みんなでどう始めるかを、一緒に改めて探索するのです」。グレニファーがこれに説明を加えた。「たとえば、このインタビューを始める前のことですが、私たちはろうそくに火をともし、チベット様式のベルを鳴らし、一斉に沈黙しました」。沈黙している間、内面的にはめいめい別のことをしているのかもしれないと彼女は言った。内面に耳を傾けている人もいれば、沈黙に聞き入っている人もいる。「私たちがやっていることは、みんな一緒により深く、その場に飛び込むことなのです。それから深く傾聴し合います。それぞれが必要なだけ時間をかけて、そのとき人生で取り組んでいることについて詳しく話をするんです。こうすることで私たちの空間がどんどん満たされていきます」

こうした発言を聴いていると、「器を満たす」という言葉で彼女たちが説明していることは、ふつうに集会を始める方法とはまったく異なるのに気がついた。ふつう、会議はリーダーの説明や、決められた議事進行にしたがって始まる。一方、サークルオブセブンは経験を分かち合う「心」の要素で始まる。

12. 手放す――サークルという生命体の存在

Uを移動するうえで最も大きな障害は自分の内側から現れる。自分自身の抵抗から、過去にしがみつくことから生まれるのだ。Uを降りていくためには、評価・判断の声、諦め・皮肉の声、恐れの声を保留する必要がある。この三つの形の抵抗に対処するためには、好奇心、共感、そして勇気を養うことが求められる。フランシスコ・ヴァレラも、エレノア・ロッシュも、ブライアン・アーサーも、この旅の核心的な要素としてこのことを強調している。ブライアン・アーサーは敷居を越えた経験を話してくれたとき、こう言った。「本質的なもの以外はすべて手放さなければならない」

生成的な場を起動するには二つの重要な要素がともに働かなければならない。一つ目は無条件の愛をもって、判断や冷笑をせずに**器を満たす**ことである。二つ目は勇気、傷つく可能性のある立場に身を置くこと、**手放すこと**、そして委ねることに関係がある。

サークルオブセブンとの会話が進むうちに、グレニファーがこう言った。「これはほかの人には当てはまらないかもしれないけど、私にとって、自分の境界を取り払ってサークルの中にすんなりと入り込むのはとても難しい。内面的な作業と、手放さなければならないことが多すぎるのです。手放して集団に入っていくやり方は人によって違います。そのたびごとに敷居を越えなければならないのです」

私はグレニファーに聞いた。「敷居を越えるというのはどんな感じなのですか」

「サークルの中に飛び込むときは、まるで死んでしまいそうな感じになります。だから、その感じに気づいたら受け入れることにしています。境界を越えるときは、死ぬときはこういうふうに感じるに違いない、というような感覚です。私はどういう人間になるのだろう？　それがわからないから、自分自身の守り方もよくわからないんです」

「それで、次に何が起こるのですか」

「ふつうは境界を越えようと一歩を踏み出します。完全に越えてしまったら、思い切って踏み出してほんとうによかったと思います。自由になっていくのを感じます。前に境界を越えたことがあるのに、どういうわけか、そのたびに境界を越えたらもっと自由な気持ちになれるかどうかわからないのです」

「全員が境界を越えると、私たちの状態は変わり、集合的な存在を得るに至ります。私たちは新しい存在、『サークルという生命体』の存在を得るのです。私の経験では、境界を越えないことには『サークルという生命体』は経験できません。そのあと、その『サークルという生命体』は一個人としての私を超えます。もはや個人としての私はそれほど問題にならないのです。けれど、逆説的ですが、同時に個人としての私もはっきりしてくるのです」

「あなたがリスクを冒したことが、見ていてわかりました」とサークルオブセブンのもう一人のメンバーが私に言った。「集合体が現れるためにリスクがあるのは仕方がないことです。リスクは一人に、二人に、あるいは全員にあるかもしれません。しかし、あなたが話していた敷居を越えるためには、ある種のリスクや傷つく可能性が伴うのは避けられないことなのです。私はこの場全体が転換するのを感じました。あなたがリスクを冒してくれたので、ここにいる全員の場が転換したのです」。サークルオブセブンへのインタビューの全文は、ＰＩのウェブサイト（www.presencing.org）で閲覧できる。

13. 意図的な静寂――自分の源《ソース》につながるのに役立つ習慣を選ぶ

Ｕの底で重要になる手段は、アイデアでも言葉でも洞察でもない。ここでは**習慣**という別の手段が重要だ。習慣とは我々が毎日行っていることだ。ここで述べるのは、自分の未来の響きとつながるのを助けてくれる自分なりの実践方法を選ぶことについてである。さまざまな習慣を利用することができる（あとで例を示す）。自分が求めるものを探し自分に合うよう修正しなければならない。

14. 自分の旅をする――あなたが愛することを行い、していることを愛する

スタンフォード大学のマイケル・レイはこの原則を「あなたが愛することを行い、していること

を愛する」と言い表している。彼のこの言葉は、何かを創造的に生み出す人や革新をもたらす人からよく聞く内容をとらえている。自分の最高の創造性にアクセスするためには、旅に出なければならない。自分の喜び、気持ち、自分が感じる出現する未来の感覚に従う旅に出るのだ。ほかの人々からのアドバイスも価値があるかもしれないが、そのどれよりも自分のその感覚を信頼しなければならない。

たとえば、自分の仕事が好きではなくても、自分が行っているさまざまな活動の中にこの原則のような心の質を持つプロジェクトを少なくとも一つか二つ持つようにしよう。それが創造性のより深い能力を活性化することに役立ち、仕事や人生のほかの側面にも波及していく。

煎じ詰めるとこういうことになる。重要な決定をするときは、決して心の声を過小評価してはならない。状況によって呼び覚まされ、そこに波長を合わせることができるのは、感情の質である。それは場について実に多くのことを教えてくれる。私が重要な岐路に立ったとき、心の声に従うと、それはいつも正しい道を指し示してくれた。

15. 迎え入れる――出現したがっている未来をプレゼンシングする

Uの核心は、自分の小さな意志――「ミー・ファースト」――を打ち出すのではなく、硬直した考えをほぐし、本質的なもの以外を手放し、自分の出現しつつある意志、あるいは「大いなる意志」（ブーバー）を迎え入れること、「私」から「私たち」へ、エゴからエコへ移行することである。
リーダーたちと仕事をする中で我々は、彼らが社会的な場の知性とつながったあと、このように変化するのを何度も経験してきた。プレゼンシングの動きでは、通常、さまざまな実践法を使う。学びのスタイルが人によって違うように、人によってうまくいく実践法は異なる。したがって、聖なる領域に入るさまざまな道を提供することが重要である。

実践

▼実践1――朝の習慣

一日を意図的に始めるように努めよう。スマートフォンを無視するのだ。我々の多くはベッドのすぐそばにスマートフォンを置いている。そうすると眠りにつく直前まで、そして目覚めるとすぐにメッセージやメールをチェックすることになる。これは最もしてはいけないことと言える。夜のかすかな響きや余韻を一瞬のうちに遮断してしまうからだ。目標はその響きをすぐに手放すことではなく、それとともにあること、自分の深い知のレベルに注意を向けながら一日を始めることである。

朝の習慣の例を示そう（一〇～三〇分）。

- 朝早く起きて（まだ誰も起きないうちに）自分にとって一番効果のある静かな場所へ行き（自然の中がいいのだが、効果があるならどこでもいいだろう）、内なる叡智を出現させる。

- 自分なりの習慣となっている方法で自分の源につながる。それは瞑想でもいいし、祈りでもいい。あるいは開かれた心と開かれた思考で入っていく意図的な静寂でもいい。
- 人生の中で今自分がいる場所へ自分を連れてきたものが何であるかを思い出す。すなわち、真正の自己《オーセンティック・セルフ》とは何か、自分がなすべき真の仕事は何か、何のために自分はここにいるのか、と問うことを忘れない。
- 今日という日に、自分が奉仕したいものに対してコミットする。
- 今ある人生を生きる機会を与えられたことに感謝する。
- 道に迷わないように、あるいは道をそれないように、助けを求める。

どの仕事を取ってみても、朝の最初の一時間が過ぎれば、みな同じように混沌や変化、予期せぬ難問に直面しなければならない。それはこの世紀に生きる者には避けられない現実だ。問題はそれにどう対処するかということだ。パニックになるのか、恐れのあまり現実から逃げるのか、ひたすら守りに入って生きるか。あるいは自分が創り出したい未来に根ざしたまったく違った場所から、こうした課題に立ち向かうことができるのだろうか。

実践2――保持空間《ホールディングスペース》

サークルオブセブンのもう一人のメンバーであるアンが説明した。「私たちに特徴的なサークルのやり方があるとしたら、それは場を保持《ホールド》することと関係があるのです」。彼女たちは集合的な保持空間《ホールディングスペース》を出現させる三種類の傾聴の状態を説明してくれた。

最初の状態を、彼女たちは「**無条件に立ち会うこと**」と呼んでいる。アンは続けた。「立ち会うこと、つまりここで話している保持《ホールド》することの特質は、サークルの源《ソース》と同一化することです。どんなものかというと、一人ひとりの何かを見る目、感じる心、聴く耳が、もう個人のものではなくなるのです。ですから、自分を状況に重ねてみることはほとんどありません。生命がその瞬間に起こそうとしていることに対して自分たちを開くこと以外の意図はほとんどありません。ただ感受性があるだけで、何の企てやもくろみもありません。判断をせず、ありのままを祝福して受け入れる精神です」

二番目は「**無条件の愛**」だ。「部屋のエネルギーの焦点は頭から心臓のあたりに降りてきます。というのは、ふつうその入り口は誰かの心がほんとうに開いたときに、そしてもちろん領域《フィールド》の存在が感じ取られたときに生じるからです。エネルギーの場は降りていくほかないのです。個人的ではない愛には祝福があります」。アンはそう説明した。

三番目の状態は「**本質的な自己**」を見ることだ。バーバラがこう言った。「たとえば誰かが自分の傷について語っているとき、私はその傷を通してその人の真実まで見ます。だから、うまくいくかどうかはどこに注意を向けるかにかかっているんです。この意識の向け方は、サークルの誰かが描写する人物を私がどう見るかにかかわってくる原則です」。レスリーがこれに言い添えた。「私たちには本質的な自己を見るという合意があります。私たちの中の誰がどんなことをしようと、ほかの人はその人がしくじったとは考えません。そういうふうには考えないと決めているのです。その行為の意図は本質的な自己にあるのです。人のためにしてあげられる最も素晴らしいことの一つは、その人の本質的な自己を見ることです。私がそれを見ることを通して、その人はもっと自分自身を生きられるようになる。私たちはみなこう考えています」

グレニファーが言った。「これは私だけの感じ方かもしれませんが、私がワークをしているか、立ち会われているか、あるいはほかの人に手伝ってもらっているかにかかわらず、私はサークルオブセブンでのワークをこんなふうに経験しています。まず、濃密な空気を感じます。たとえば、ベスと私が二人だけでワークしているときより、深く降りていけるような力を与えてくれる存在《プレゼンス》があります。私にはさらに多くのことが見えてきます。私自身のことも、ワークの対象である問題についても、もっとよく見えるようになります。それがグループのスキルのためなのか、意識の質のためなのか、それともその両方の組み合わせのためなのか、私にはわかりません。でも、私の経験では、たくさんのことが見えるようになるんです。もっと多くの自分を経験するんです」

グレニファーは続けた。「私は大きな人物になったように感じます。私自身の存在が充実していく感じがします。ある種の方法で、力を与えられ、可能性を与えられた感じがします。見られていると感じます。意識の焦点が研ぎ澄まされます。それは質的で、判断をしない、愛情に満ちたものです。そして私は、個人を足し合わせたものとは違う、『サークルという生命体』の存在《プレゼンス》を感じます」

ベルリンの影を光に変える

プレゼンシングの瞬間がいつ起きるかは予測できない。必ずしも我々のスケジュール通りには起きないのだ。我々はそのことを、プレゼンシング・インスティチュートの上級実践者向けプログラムで学んだ。二年間にわたるプログラムの最後のモジュールで、一九カ国から七二人の実践者がベルリンに集まった。友人で同僚のデイナ・カニンガムが、集会で深い変化が起きた瞬間を覚えている。プレゼンシングのすべての面が一体となって現れた様子がよくわかる瞬間である。

「私たちのグループにいたユダヤ系の人の何人かは、ホロコーストで家族を亡くしていました。グループにはドイツ系の人たちもいました。ベルリンで一週間をともに過ごし、とりわけホロコースト記念碑を訪れたことは、多くのメンバーにつらいけれども重要な記憶を呼び覚ましました」

「次の日、七二人の変革者のグループが、根底からの場の転換を経験したのです。ユダヤ人もドイツ人も、アメリカ人、アフリカ人、ラテンアメリカ人、オーストラリア人も、こういうグループでこれまでに誰も経験したことがないような深く、生々しく、無防備で、本質的なレベルでお互いと自分自身とにつながることができたのです」

「オットーが、ベルリンにいるという経験に私たちを引き戻すかたちで、会話の口火を切りました。彼はベルリンにいることは彼にとって感情を揺さぶられる経験だと語り、生の感情をさらけ出そうとする彼の態度が、壁にひびを入れました。突然みなが自分の個人的な話をしはじめました。ユダヤ系アメリカ人女性、ゲイル・ジェイコブの話に私は深く感動しました。彼女の母親は死の収容所からの生還者で、収容所では言語に絶する恐怖に直面したのですが、子供たちに語って聞かせたのは、収容所が解放されたとき、通りに並んだドイツ人がすすり泣くのを見たという記憶だけだったというのです。彼女の母が自分に対してあんなにも残虐な罪を犯した国の国民の人間性だけに光をあてることを選んだということに、私は息をのむ思いでした」

「次々に物語が語られていくうちに、部屋の中の聞き方はいっそう深まり、信じられないような会話が自然に展開しはじめました。私たち一人ひとりが自分の人生の旅を、それまでとは違う、より集合的な角度から見られるようになる場の転換が起きたのです。自分の芯の部分から語る、個人としての私と集合としての我々を通して語るというフロー体験がありました。物語の多くは、個人的な深い苦しみについてでしたが、集合的な傾聴と光によって保持《ホールド》された部屋の中では、物語は力強い癒やしの瞬間に変化したのです」

ユダヤ人の参加者の一人、イスラエル出身のイシャイ・ユヴァルは、このときのことを次のように語っている。「〈会話の最初に〉みなが次々に立ち上がり、苦しみや残虐行為、記憶する必要性について話を続けました。私は部屋にいたユダヤ人同胞が会話に加わるだろうと思って周りを見回しました。最初、誰も会話に加わりませんでした。そのとき思ったのです。こういう種類の議論は、犠牲者の声が聞こえない限り続けるべきではないと。だから私は、普段そういうことはしないのですが、手を挙げてマイクを回してもらいました。私は隅のほうに座っていましたが、そこからグループの輪の中へ出ていく一〇歩は、とても長い旅のように感じました」

「そのとき起きたことは、私のその後を決定づけた瞬間でした」とイシャイは言った。「周囲の時間の流れがゆっくりとしはじめました。苦労して言葉や文章を紡ぎ出す必要はありませんでした。自然に次から次へと、正しい順序で言葉があふれ出てきたのです。私の周りのたくさんの顔が、耳を澄ませ、心からの共感と深い理解と愛を発しているのを感じました。気が楽になり、グループの前で、ホロコーストの犠牲者たちが虐殺されるまで、恐怖の中でも人間としての尊厳を保つために毎日苦闘していたことを話すことができました」

「被害者たちの多くは人間性や愛では救われないと思い知り、生き残るための毎日の戦いでは怒りや攻撃性、憎しみのほうがまだ役に立つかもしれないと考えるようになりました。イスラエル人の私は、こういう遺産の中に生まれてきたのです。何事にも気を許さず強くあるためには、頼れるのは自分しかない」

「私は兵士としての自分に誇りを持っていました。自分の家族と同胞を守れること、無力ではないこと、母の両親や伯母のように残虐な殺人者のなすがままではないことをありがたく思っていました。しかし時は流れ、気がつくと私たちイスラエル人はほかの人たちに対して力を持っていたのです。そして厄介な問いを突きつけられています。我々は力を行使せずに安全を保てるほど強いのだろうか。疑念と憎しみはひとまず措き、心を開き、敵に真の和平を提案するときが来たのだろうか。それとも、敵に自分たちの人間性をさらけ出すのは、考えが甘いのだろうか。むしろ危険なのだろうか」

イシャイは語りつづけた。「話しながらサークルを見回したとき、私は全体に属し、つながっていると感じました。サークルから出たあともずっと、みなから発せられる深い傾聴と共感の光に包まれていました。しばらくして、広いホールの反対側にいた若いユダヤ系アメリカ人の女性が立ち上がり、歌を歌っていいかと尋ねました。その歌は、一九四四年にパレスチナを出発して、ハンガリーのユダヤ人救出作戦のためにユーゴスラビアにパラシュート降下し、ナチに捕らえられ、拷問を受けて殺された若い勇敢なユダヤ人女性が書いた歌でした」

「彼女が柔らかな声で感情を込めて歌うのを聞き、私は思わずホールの反対側で立ち上がり、一緒に歌わずにはいられませんでした。それ以来、あの歌を聴くたびに、私の心は震えます。見知らぬ土地にいるかのように、思ってもみなかった感動を覚えるのです。あの素晴らしい女性やグループ全体とつながったあの貴重な瞬間を、決して忘れることはないでしょう」

しばらくして、ベトナムとブータンにルーツがあるトー・ハ・ヴィンが立ち上がって、ティク・ナット・ハンの詩を紹介した。トーは「この詩の題は『どうか私を本当の名前で呼んでください』★です」と言って、この詩をいつも身近に感じられるように書き留めていた手帳をポケッ

★ 邦訳はティク・ナット・ハン『微笑みを生きる――〈気づき〉の瞑想と実践』（池田久代訳、春秋社、2011年）所収。原文では「名前」は複数形 names

トから取り出した。そして読みはじめた。

私が明日旅立つだろうとは言わないでください——
今日でもまだたどり着く途中なのだから

（中略）

私は透明な池の水の中を
楽しげに泳ぐカエルだ
そして、静かにカエルを食べる
蛇だ
私は骨と皮だけにやせこけて
竹のような脚をしたウガンダの子どもだ
そして、ひそかにウガンダに武器を売る
武器商人だ

私は小さな難民船の
一二歳の少女だ
海賊に犯されて

大海に身を投げた少女だ
そして私は海賊だ
私の心はまだ、見ることも愛することも
できない
（中略）
どうか私を本当の名前で呼んでください
私が目覚めることができるように
そして私の心の扉が、思いやりの扉が
開け放たれたままでいられるように

完全な静寂が訪れた。そこにいるすべての人が、お互いを隔てている壁が消えていくのを感じた。時間の流れが遅くなり、そのときの我々の経験を浮かび上がらせた。我々はさまざまな角度から状況を経験しはじめた。私は少女だ。海賊だ。私はあなたの中にいる。あなたは私の中にいる。私は「我々」の中にいる。「我々」は私の中にいる。

デイナは言う。「私が最も深く心を打たれたのは、兵士、暴行やネグレクトを耐えて生きのびた人、ホロコーストから生還したユダヤ人の子孫、そして若いドイツ人、こういう生きるか死ぬかを左右する敵であった人間や自分に暴力を働いた側の人間である他者に対して、人々が示したつながりと慈愛のレベルでした」。もう一人のユダヤ系アメリカ人のゲイルがこう付け加えている。「私は六三歳です。私は生まれてこの方、ユダヤ人として、私はこの世の中で一人きりだ、もし私や家族に何か起きたら誰も助けてくれない、と考えて生きてきました。今、ベルリンのこの部屋で、私は一人ではないことがわかります」

集合体のレベルでこんなにも深い転換が起きるのを私は経験したことがなかった。私は、集合的な過去の長く、暗い影が、解き放たれエネルギーと光に変質されるために、ついに表面に浮かび上がってきたように感じた。グループが保持空間《ホールディングスペース》として機能したのだ。

では、この移行を可能にしたのは何だろう。サークルオブセブンのところで議論した二つの条件をもう一度見てみよう。

第一の条件は、**器と保持空間《ホールディングスペース》の質**である。ベルリンで作り出された保持空間は、その六カ月前の小さなコーチングのサークルで作られはじめていた。上級プログラムの各参加者は、二年の間、この小さな「グループオブセブン」に集まっていた。ゲイルは振り返って言う。「六カ月前にコーチングのグループで集まったときに、私は〔ベルリンに〕行くことと、その機会を利用して私が生まれた場所を訪れることについての不安をみんなに話しました。私が生まれたのはダッハウ近くの強制移住者収容所で、私の両親はそこで解放されたのです」

「自分でも何を言うつもりかわからないうちに、私はベルリンへ行く、私が生まれたところに初めて家族を連れていく、と話していました。私は泣きはじめました。グループのみんなも一緒に長い時間、すすり泣きました。そのときグループには、癒やしについての驚くべき知が生まれていました。私だけではなく世界も、戦争と大虐殺から受けた私たちの集合的なトラウマを癒やす必要があるということがわかったのです」

「私はそこでドイツ人であるオットーと、仏教徒であるベトナム人のトーと韓国系のジュリアの二人、正統派ユダヤ教徒でイスラエル人のイシャイ、元アメリカ軍人のジム、ひと世代若いアントワネットとともに座っていました。……彼らは私を保持《ホールド》する空間となってくれました。……私は地球の転換を感じました。私は自分のDNAと私の毎日の人生の中に、ホロコーストの傷を抱えて生きてきました。ようやくそのエネルギーを何かほかのものに変容させることができる可能性が見えてきたのです」

「あの朝、クラスのみんなと一緒にいる間に場が移行しました」とゲイルは保持空間《ホールディングスペース》の質を指して言う。「私たちはお互いに対して開かれ、一つになっていました。世界を癒やすために何が必要なのかを見るために、**私たちは集合的に心の中の影を抱きしめる必要がある**ように感じました。そのとき私の恐れは、消えていました」

移行を可能にする二番目の条件は、**深い淵の端まで行き、恐れを手放し**、そして未知なるものに跳躍する**意欲**であった。

イシャイが彼らしくもなくマイクを手に取ったとき、彼はその跳躍をした。空間を開きはじめたときの私にもそれは当てはまる。何かが起こりたがっているのを感じ取ったとき、それは数日前から始まり、その日が近づくほど強くなっていたのだが、私は死んでしまいそうに感じた。しかし、コーチングのサークルの存在《プレゼンス》、ゲイルやイシャイ、トー、そのほかの人々との肌で感じたつながりによって、私は恐れを手放し、イシャイやゲイルが説明したように、起こりたがっていることのほうへ近づいていくことができた。そこに開いた集合的な空間は、私が把握しきれないほど高く、深いものであった。

共創造――「新しいもの」を結晶化させ、プロトタイプする

共創造の狙いは、実行によって未来の探索を可能にしうるプロトタイプを通して、未来への滑走路を築くことである。プロトタイプはそれ自体から生まれるフィードバックに基づいて進化する。共感知の段階では「ただひたすら観察する」であったが、ここでは「ただひたすら繰り返す」になる。この動きはデザイン思考に触発され、社会的な場の根底からの移行に適用できるようプレゼンシングの原則と融合されたものである。

ナミビアとブラジルの例

ナミビア――我々は、マッキンゼー・アンド・カンパニーの支援を得て、シナゴス★のパートナーたちとともに、ナミビアの公的セクターの医療ラボを手助けした。看護師、医師、州のディ

★ 貧困と社会正義の根本原因に取り組む包括的なパートナーシップを呼びかけ、構築し、援助する組織

レクターなどのリーダーで構成する少人数のセクター横断的なグループを、さまざまな感じ取る《センシング》ための旅に導いたのだ。目標は妊産婦の健康を向上させることだった。プロトタイピングの段階で、彼らは四つのイニシアティブに焦点を合わせた。そこで得られたフィードバックから、最も成功することになった五つ目のプロトタイプが生み出され、州の出産ユニット（RDU）というアイデアとして結実した。それまで縦割りの体制の中でお互いに切り離されて活動していた利害関係者たちの間で、イノベーションと学習を加速させることを可能にするというものだった。

RDUのミーティングは毎回、一週間のデータと出来事の見直しから始まった。さまざまな地位の専門家たちが、支援的で中立的な雰囲気の中で互いに質問をし、意見を交換するのだ。私が出席していたあるRDUのチームのミーティングでは、看護師たちが心配している状況について話し合われていた。若い女性の准看護師がその場で最も地位が高いリーダー（州全体のディレクターで男性）のほうを向いた。彼はそれまで話し合いに加わっていなかった。彼女はこう言った。「あなたのご様子からすると、ここで言われていることに同意なさらないようですね」。次はディレクターが自分の状況理解を説明する番だった。准看護師がグループで最上位の人を議論の場に引き出すのを見て、私は何かがうまく機能していることがわかった。彼らは建設的なコミュニケーションと学びの文化を確立させたのだ。

ブラジル――デニーゼ・シャエルは、ブラジルで食糧と栄養に焦点を合わせたラボを開発する際、食糧供給システムのあらゆるセクターからの四〇の組織と人々を結集して出発した。これには、草の根活動のオーガナイザー、市や連邦政府の担当者、学者、多国籍食品企業などが含まれる。彼らの任務は、システム全体にかかわる複雑な課題に取り組むイニシアティブのプロトタイプを生み出すことだった。グループは三〇人の参加者に絞られ、プロトタイピングの作業に取りかかった。彼らはセクターや組織の境界を越えるアイデアを生み出した。彼ら自身で組織したプロトタイピングのグループで、二カ月間、作業をしたあと、ファシリテーターのチームはすべてのグループを振り返りのためのワークショップに招いた。そこから最も有望な五つのプロトタイプが浮かび上がった。

あるグループは、コカ・コーラ、アンベブ★、ペプシの間に連携を作り出した。三社は二〇一五年に、その年から学校の食堂で一二歳未満の子供に砂糖の入った飲み物を売ることをやめると発表した。さらに、ブラジル全体で、子供をターゲットとしたすべての宣伝をやめることに同意した。もう一つのイニシアティブは、全国テレビで子供に果物と野菜を食べる必要性を理解させるドキュメンタリーシリーズ『Fonte da Juventude（若さの泉）』を制作した。その後も参加者は、有機農法ラボやリーダーシップラボを作り出している。

どんな場合でも、プロトタイピングの過程できわめて重要な機会は、最初のフィードバックセッションである。このセッションは、プレゼンシングのリトリートのあと、六週間ほどたったころに行う。各チームは、自分たちの感じ取る《センシング》活動と利害関係者から学んだこと、今後へのアイ

★　ブラジルに本拠を置く南米最大のビール・ソフトドリンクメーカー

デアを発表する。そしてさらに何度もフィードバックを得て、それを参考に自分たちのアイデアを繰り返し練り直す。

共創造で生み出すべき成果

1. 指針となる問いとラボの目的に関して意味のあるフィードバックを生み出した、改善されたプロトタイプ――未来の生きたマイクロコズム――のセット
2. プロトタイプを試行プロジェクトや規模拡大に導くのに意味のある、利害関係者やパートナーとの間のいくつかのつながり
3. 破壊的イノベーションに対処できる、強化されたリーダーシップとイノベーション能力
4. 社内のリーダーシップ文化を変えるのを助けるチーム精神
5. チームのメンバーの間に生まれた、大きくて複雑なプロジェクトに取り組む創造性への自信

原則

16. 意図の力――自分のビジョンと意図を結晶化《クリスタライズ》させる

ニック・ハノーアーは大成功を収めた六つの会社の創業者であり、長年アマゾンの役員でもあった。私とジャウォースキーが彼にインタビューしたとき、彼は小さなグループの人々と協力

し、ワシントン州の教育システムを「改革」していた。起業家としての彼の経験で意図が果たした役割について尋ねると、彼はこう答えた。「私が気に入っているマーガレット・ミードが言ったとされる言葉で、『強い決意を持った市民の小さなグループが世界を変えられるということを絶対に疑ってはならない。実際にそれだけが世界を変えてきたのだ』というものがあります。私は全面的にこれを信じているのです。**五人いればほとんど何でもできるはずです。**一人だけでは難しいが、その一人に四人か五人加われば、戦う力になります。それが起業家精神のすべて、つまり、説得力のあるビジョンと力を生み出すことだと思います」

17. コアグループを作る——五人いれば世界は変えられる

ニック・ハノーアーの見解は、多少アメリカ人男性「ハイテク起業家」中心的すぎるように思われるかもしれない。しかし私は、彼の言うことは正しいと思う。深い変化が起きた例を見たときや、それに参加していたときには、必ず同じ本質的な現象に行きついた。共通の目的と意図を実現することに強い決意を持った小さなグループである。世界を変えるには五人よりは少し多い人数が必要かもしれない。しかしそのコアグループが、物事を動かす人や機会、資源を引きつける力を持った意図を世界に照射するのだ。すると勢いが生まれる。こうして、コアグループは全体が姿を表すための媒体として機能する。

18. プラットフォームあるいは場所を創り出す

イノベーションが生まれるには場所が必要である。自然界では、毛虫が蛾に変身する前には繭というシェルターが必要だ。繭に包まれて過ごすことは、創造的なプロセスの重要な活動である。繭は根底からのイノベーションを起こすために必要な保持空間《ホールディングスペース》である。また、チームに早い時期にプロトタイプを作り出させ、速いサイクルで利害関係者からのフィードバックを生み出す「マイルストーン構造」も組み込まなければならない。チームが素早く学ぶUサイクルを毎日のようにたどれるように、同僚や専門家からの支援を利用できる仕組みも組み込む必要がある。

19. ○・八のプロトタイプを作る

プロトタイプとは、自分が創造したい未来のマイクロコズムである。プロトタイピングとは、自分のアイデア（あるいは進行中の仕事）を、十分に完成していない段階で提示することだ。プロトタイピングの目的は、すべての利害関係者からフィードバックを受けながら、指針となるプロジェクトの仮説に修正や調整を加えることだ。利害関係者にとって計画はどう見えるか、どんな感じを受けるか、人々のニーズや期待にどう合っているか（または合っていないか）といったことを言ってもらうのだ。フォーカスすべきは分析ではなく、行動によって未来を探索するということだ。ＩＤＥＯのメンバーが言っているように、プロトタイピングの原理は、「早く成功するために何度も失敗する」、あるいは「**速く学ぶために早い時期に失敗する**」である。

プロトタイプは計画ではない。フィードバックを得るために行うことだ。プロトタイピングは試行プロジェクトでもない。試行は成功でなければならないが、プロトタイプは失敗してもよい。ただし、最大限に学ぶことに焦点を合わせるのだ。

ネットワーク機器の世界のリーダーであるシスコシステムズ社は、プロトタイプ作りの第一のルールを「〇・八の原則」と呼んでいる。同社では、プロジェクトの期間の長さにかかわらず、技術者たちは三〜四カ月以内に最初のプロトタイプを出すことになっている。そうしなければそのプロジェクトはおしまいだ。最初のプロトタイプは「一・〇プロトタイプ」のように機能する必要はない。不完全な状態ですべての利害関係者からフィードバックを出してもらうのだ。

20. 何度も繰り返す——絶えず宇宙と対話《ダイアログ》する

自分のアイデアの当初の形に固執してはいけない。つねに宇宙からのフィードバックから学ぶことだ。あらゆる相互作用からアイデアを磨き、それを繰り返さなければならない。

この原理については、『ファスト・カンパニー』誌の共同創立者であるアラン・ウェバーがわかりやすく説明している。「宇宙は実は面倒見のいい場所なんだ。自分のアイデアに対して心を開いていれば、**宇宙は助けてくれる。**宇宙はアイデアを改善する方法を教えたがっている。だがその提案の中にはひどいものもある。宇宙のアイデアや教えに耳を傾け、役に立つものと害になるものを見分けるのも冒険の一部だ」

21. 手を使って探す――頭と心と手を統合する

二〇〇〇年に映画にもなった小説『バガー・ヴァンスの伝説』で、自分のスイングを見失ったゴルファーに名コーチが言う言葉が「手を使って探せ。考えず、感じろ。手にある知恵には頭の中の知恵が逆立ちしたってかなわない」というものだ。

芸術家はもちろん昔からこのことを知っていた。デンマークの彫刻家で経営コンサルタントでもあるエリック・レムケが彼の経験を話してくれたことがある。

ある彫刻をしばらく続けていると、物事が変化しはじめる瞬間が訪れるのです。この変化の瞬間がやってくると、創作しているのはもはや私一人ではなくなります。とても深い何かにつながっている感じで、私の両手はその力と共創造《コークリエイト》しているのです。同時に、私の知覚が広がり、自分自身が愛といたわりで満たされていくのを感じます。物事を別の方法で感じるようになります。その方法とは世界に対する愛であり、生じてくるものに対する愛です。**私の両手は知っています**。何やらなければならないことが直感的にわかるようになります。何を加え、何をそぎ落とせばよいかを。どのような形が現れ出て来るべきなのかを。ある意味で、この誘導に従えば創作は容易です。このような瞬間に、私は深い感謝と謙虚な気持ちを抱きます。

私の両手は知っている。それが、Uの右側で活動する鍵だ。Uの左側を降りていくのは、思考と感情と意志の抵抗に対処し、それらを開くことである。右側を上っていくのは、実際に応用する状況で頭と心と手の知性を再統合することである。

Uを降りていくときの内面の敵が評価・判断の声、諦め・皮肉の声、恐れの声だったように、Uを上るときの障害は、つながりを失った三つの行動である。

- **思考を伴わない行動**——学ぶことなく行動する。
- **行動を伴わない思考**——分析麻痺《アナリシス・パラリシス》。
- **単なるおしゃべり**——共有《シェア》しすぎる。何の変化も体現することなくしゃべる。

三つの障害には共通する構造的な特徴がある。頭と心と手の知性がバランスよく機能する代わりに、三つのうちの一つが支配的になる（分析麻痺のときの**頭**、思考を伴わずに行動しているときの**意志**、共有しすぎているときの**心**）ということだ。

図13のプロトタイピングの五角形は、共創造の六つの原則をまとめたものだ。プロトタイピングの段階に入るときは、これらの原則に注意しよう。

実践

実践1――未来の声に耳を澄ませる

物理学者で教育者のアーサー・ザイエンスは、習慣になったこの方法について次のように語っている。「たとえば、役員会に出席していて、何か重大な議題を巡って激しい議論の応酬になったとします。どう対処すればいいのかわかりません。そんなとき、ふと気づくと手放しているんです。つまり『意識をこれに集中させるのは、いやというほどやった。もう、あらゆるところを突っつき回したじゃないか』ということですね。そこで集中を解いて、ぼうっと意識を拡散させます。空っぽになります。時には、目に見えない人が隣にいるふりさえします」

「私が新しい学校の理事会で理事長をしていたとき、目に見えない子供たちもテーブルについていると想像したものです。私は実際にまだ生まれていないか、まだそこにはいない子供たちのために働いていました。私がそこにいる理由はその子供たちでした。私はその空間に耳を澄まそうとします。未来もまたテーブルについています。居合わせているあらゆる人が特別な瞬間だと気づく素晴らしい創造的な瞬間があります。私はそれを手放さないで、とことんそれを追求するように彼らを励まします。こうした瞬間は大きな前向きのエネルギーをグループに与えます」とザイエンスは言う。「独創性、やればできるという自信、協力し合おうという気持ちが湧き上がってきます。誰もそれが自分ひとりのものだとは思いません。アイデアはテーブルの向こう側にいるほかの誰かが言ったとしてもおかしくない状態だからです」

▼**実践2——宇宙に耳を傾ける**

- ステップ1……一日の終わりの三分間を使って、その日、世界が提案してくれたことを、良し悪しの判断なしに書き留める。
- ステップ2……その提案から生まれる、かつ仕事で今直面しているチャレンジに関係する問いを一つか二つ書き留める。
- ステップ3……翌朝五分か一〇分とって、前の晩に書き留めた問いへの答えをメモする。アイデアが流れて来るのに従って書いていく。
- ステップ4……可能な次のステップを考える。つまりアイデアをさらに探索／テスト／プロトタイプするには何が必要かを考え、「日誌」を終える。

この習慣は、新たな、あるいは奇抜なアイデアを探究するのに安全な場となる。また、かすかな信号を

図13　プロトタイピングの五角形

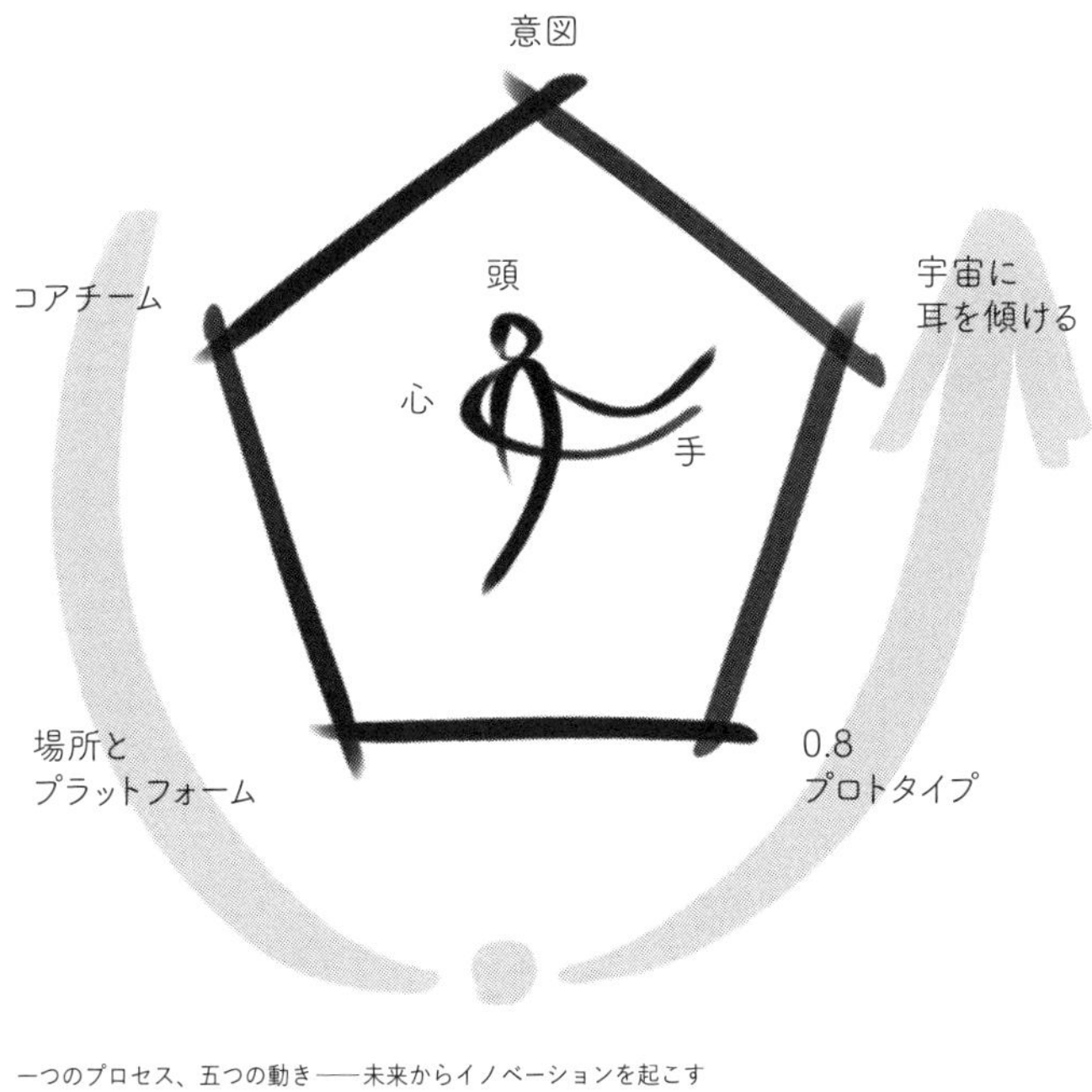

読み取る能力や、思考を発展させる能力も育ててくれる。

▼**実践3——プロトタイピングのためのアイデアを選ぶ**

プロトタイピングのためのアイデアを選び、進化させていくときに自問すべき七つの「R」の問いを次に挙げる。

1. **それは実際的な意味を持つ（relevant）か**——かかわっている利害関係者にとって重要なことか。個人的（関係する個人にとって）、組織機構的（関係する組織にとって）、社会的（関係するコミュニティにとって）に真に意味があるか。

2. **それは革命的（revolutionary）か**——新しいことか。システムを根本的に変えることができるか。

3. **それは迅速にできる（rapid）か**——素早くできるか。フィードバックを受けてアイデアを修正する（それによって分析麻痺に陥るのを避ける）時間を十分取れるよう、すぐに実験を考案することができるか。

4. **それは粗い状態（rough）か**——小さな規模で試してみることはできるか。意味のある実験がかろうじてできる程度の粗いプランで試してみることはできるか。それは現地で行い、現地の状況から適切なやり方を学ぶことができるものか。

5. **それは的を射ている**（right）**か**――自分が焦点を当てているマイクロコズムの中に全体が見えているか。このアイデアで、最も重要な要素にスポットライトを当てることができるか。システムの核心の問題が理解できるようにするには、焦点を絞る必要がある。たとえば、医療問題では患者、食糧の持続可能性に関するプロジェクトでは消費者、学校のプロジェクトでは生徒を無視することはできない。

6. **関係性の観点から効果的**（relationally effective）**か**――既存のネットワークやコミュニティの長所や能力、資源を生かしているか。

7. **それは再現可能**（replicable）**か**――つまり状況に合わせて再現できるか。ビジネスであろうと社会的なイノベーションであろうと、成功を左右するのはそれが規模を大きくして再現可能かどうかにかかっている。プロトタイピングの状況《コンテクスト》においては、外部の人々がプロジェクトを保有して大々的に知識や資本を注入するよりも、現地の人々がプロジェクトの中心となって主体的に参加する状態が好ましい。

共形成――イノベーションの生態系を育てる

共形成の動きは、集合的な影響を与えるイノベーションの生態系を育て、進化させながら、新しいものの規模を拡大していくことに焦点を合わせる。

今日の社会の生態系の問題は、部分と全体をつなぐフィードバック・ループが断絶していることである。意識に基づくシステム思考であるU理論の本質は、システムがそれ自体を感じ取り、観るようにすることによって――**集合的な影響と共有された気づきのフィードバック・ループを閉じることによって**――、部分と全体を再びつなぐことである。結局のところ、本書で紹介したすべての応用の物語は、この一つの方法論的な基盤に依っている。

イノベーション・ラボがうまく機能するのはそのためだ。紹介した物語のイニシアティブが成功してきたのはそのためだ。しかし、それらのイニシアティブや我々すべてがその中で活動している、より大きな生態系についてはどうだろう。

そこには、システムがそれ自体を感じ取り、観るようにするための、こうした新しいイノベーションのインフラがほとんどないのが実情である。こうしたインフラの欠如が、今日の社会的イノベーションの最大の障害なのだ。

このことが重要なのは、今、まさに、四番目の調整メカニズムが誕生しつつあるからだ。社会と経済のシステムを調整する三つの伝統的なメカニズムはみなよく知っている。ヒエラルキー、市場、組織された利益団体間の交渉である（第3章）。

しかし、これらの三つの手段だけでは、今日求められている最新の統治メカニズムを提供することができないことはわかっている。したがって、出現しつつある第四の調整メカニズムがきわめて重要である。それは**気づきが共有された状態から行動すること**——全体を見ることから行動することである。その集合的な能力を発達させるには、慈しみ育てること、実践、そして支援的なインフラが必要である。それこそがUの五番目の動き、共形成である。

　プロトタイプの話から始めよう。それぞれのプロトタイプは、何度も繰り返される。進化しながら、前の形の最も優れた特徴を維持するが、より良いものになるためにそのほかの部分は変化する。次の問いはこうだ。こうした小規模な実験から学んだことを使って全体の進化に応用するにはどうすればよいのだろう。

　生の舞台の制作にかかわったことがあれば、役者は演出家の指導だけでなくお互いからもインプットを受け、練り上げていくその過程が演技をより良いものにしていくことを知っている。何かが加えられ、何かが削られる。演劇は生きた構造だ。保持され、磨かれ、洗練される。何度もリハーサルを繰り返して、初めて幕を上げる準備が整う。その後もなお進化しつづけるが、今度は、観客のエネルギーと存在《プレゼンス》という要素が加えられる。

ナミビアとMIT×Uラボの例

ナミビア——RDUのチーム・プロセスのプロトタイプはナミビアの全一三州に導入された。目的はプロトタイプから生まれた特定の医療の形を実施することではなく、プロセスと構造を導入することであった。その後、各州は独自の医療状況に合わせてアプローチを修正することができた。この事業には今では国際的なパートナーは関与しておらず、ナミビア人が自分たちの事業として実施している。RDUのプロセスによって、州のリーダーは、結果の改善に対して説明責任を果たすよう促される。チームは政策の実施を進め、サービス提供を調整し、目標達成に向けて進行を管理し、問題を解決して医療介入の有効性を確立することになる。ナミビアで医療ラボをともに手助けしたシナゴス（www.synergos.org）のパートナーによると、新しいシステムは二〇〇六年から二〇一三年の間に、乳児と妊産婦の死亡率を約一四％引き下げるのに貢献したという。

RDUのプロトタイプが成功したのは、それを可能にする次の三つの条件が整ったからだ。

1. 役に立つデータを生み出すことができる制度的なインフラが創り出されたこと
2. 縦割りの体制を横断して、重要な関係者が定期的に集まる組織横断的な構造を確立したこと
3. 人々が責任をなすりつけ合う代わりにイノベーションを行うことを可能にする学びの文化が醸成されたこと。

これらの三つの条件は、共形成や規模拡大の段階でも重要であることがわかった。個別の状況それぞれにこれらを適用することで、違いはあっても同じような機能の仕方をしているすべての

RDUからなる一つの生態系が生まれたのだ。

MIT×Uラボ――いかにイノベーションを拡大するかに関する私の考え方は大きく変わった。二〇一五年までは、プレゼンシング・インスティチュートの同僚と私は、世界各地でプロジェクトやプログラムを運営するのに忙しかった。持続可能なビジネスから、食糧と農業、医療と福祉、金融、学習とリーダーシップ、政府と統治まで、テーマは多岐にわたった。それぞれのプロジェクトやプログラムは、社会・政治的にも地理的にも異なる状況《コンテクスト》で活動していた。

これらすべてがどのようにまとまっていたかというと、まとまっていなかった。二〇一五年までは。そして、こうしたばらばらのプロジェクトやプログラムを地球規模で結びつけ、生き生きとした場に変える、ある出来事が起きた。「何かが転換したような感じです」と西オーストラリア州のPIの同僚、ケイティー・スタブリーは言う。「突然、誰もが、自分がその一部である地球規模のつながりという、生命を持った場を感じることができたのです」

転機は、UラボMOOCの始動であった。大規模公開オンライン講座は伝統的な教育伝達の方法に破壊的な変化をもたらし、知識と学習へのアクセスを民主化した。しかしMOOCには批判もあった。修了率の低さと、学習環境の質の低さ（コンピューター画面の前に座ったまま）である。

Uラボの実験の目的は、「オンラインとオフラインを連携させた学習環境は、**知識の民主化**と**深い学習サイクル**（**頭、心、手**）の活性化を融合させることができるか」という問いに答えることだった。わかったのは、たしかにそれは可能だが、うまく機能させるには複雑な保持空間《ホールディングスペース》が必要だということだ。それには事例《ケース》クリニック、各地のハブ、そしてグローバルなコミュニティをつないで、人々が自分自身を感じ取り、観ることができるようにするライブセッションが含まれる。こうした要素はすべて、すでに個別にプロトタイピングしていたので、素早く規模を拡大することができた。しかし、それらを統合したことがなかった。それこそが共形成の核心をなすテーマである。要素と全体をより良い形で融合させ、つなぎ合わせることによって生態系に自ら進化させるのだ。

共形成で生み出すべき成果

1. イニシアティブのプロトタイプを見直す
2. 重要な学びを共有する
3. 試行段階に進めるプロトタイプ／アイデアを決める
4. 焦点をプロトタイプから全体としての生態系を進化させることへと拡大する
5. 生態系が自らを観ることができるようなインフラ
6. 取り除けば、新しいものの規模を拡大することが可能になる障害を特定する
7. 新しいものの規模を拡大するための、新しく形成された生成的なパートナーシップと連合
8. これまでに行ってきたことを社会や文明の再生へと結びつける新しい物語《ナラティブ》

原則

22. システムがそれ自体を感じ取り、観ることができるようにする支援的インフラを創り出す

二つの例を挙げよう。最初は金融の世界での例だ。サンフランシスコに本拠を置く社会的インパクト投資組織のＲＳＦソーシャルファイナンスは、定期的に投資家と借り手が集まる会合を開き、互いの状況について学び、次期に借り手が投資家に払う利子率を一緒に決めている。ＲＳＦソーシャルファイナンスのＣＥＯ、ドン・シェーファーは語る。「このような会話には特別な魔法があります。思ってもみないことが起きるのです。投資家は利子を高くしよう、借り手は低くしようと主張し合うと思うでしょう。ところが実際はそうなりません。まったく反対のことがよく起こるのです」

「これは興味深いプロセスです。私たちもまだそのための空間を保持するにはどうすれば一番いいのかを学んでいる段階です」

二つ目の例は、医療の世界のものだ。病院でのミスを減らすために広く使われてきた方法は、チェックリストの導入だった。しかし研究から、病院にチェックリストを導入すると、最初はミスのリスクが低下するが、エラー率はその後徐々に元の水準近くまで戻ることがわかった。そのパターンに気づいたオハイオ州の産婦人科医、マーク・パーネス博士は別の方法を考案した。チェックリストを使う代わりに、手術室に運ばれる患者と直接会話をするのだ。手術チーム全員

が参加して、患者本人と簡単な「チェックイン会話」を行う。驚くことに、この方法は、直接会話をせずにチェックリストを用いる単純な方法より持続的にエラー率を下げる効果があった。

この二つの例は「システムがそれ自体を感じ取り、観るようにする」ことで、場のプレーヤーに生態系の意識を持つよう促し、彼らの間の調整力学を変化させることができるということを示している。だが、もっと大きなシステムではどうだろう。州や国、あるいは地球全体のレベルにも同じ手法を適用できるのだろうか。

23．大規模な能力開発メカニズムを作る

今日の社会に欠けているのは、(1) 全体から見るためのインフラと (2) 未来の可能性を共感知し、共創造するための大規模な能力開発メカニズムである。

練習用のフィールドは、そういう能力を開発するための鍵である。どんな交響楽団も、プロのサッカーやバスケットボールのチームも、練習をせずに世界レベルの卓越した水準に達することはできない。同じように、リーダーやチェンジ・メーカーにも、ツールの効果的な使い方を学ぶ仕組みと練習用のフィールドが必要である。我々は国際的な宅配サービスのフェデックスのプロジェクトにかかわったことがある。毎夜、同社のハブには数百機の飛行機が数百万個の宅配小包を積んで飛来し、また離陸していく。ハブでは小包が二時間ほどの間に目的地ごとに仕分けされる。この物流の奇跡をさばくために、会社は毎日四度、作業後に振り返りの検討を行ってい

る。一日に四回、学んだことと改善できることに焦点を合わせるのだ。これを二、三〇年続ければ、世界有数の輸送会社になる。ところが社会のレベルには、この種のインフラがほとんど見られない。

24. 社会的土壌を耕すためのラボとプラットフォーム

シリコンバレーであるベンチャー企業の慈善家と会っていたときのことだ。私はUスクールの構想を彼女に話していた。Uラボがどのように、さまざまな方法で社会的土壌を耕すグローバルなアクション・リサーチ大学に進化できるかというようなことだ。私が話し終えると彼女はこう答えた。「このお話の資金調達は簡単ではありませんよ。このあたりの富裕層はお金を手放すのが嫌いなんです。だからお金は出しません。出すとすれば、三つの条件をつけますね。一つ目は、テクノロジーが解決策であること。二つ目は、問題が数値化できて、一〇年以内に解決できること。三つ目は、お金を出す側が思う通りにできることです」

その三つの点に、今日の慈善とインパクト投資の間違いのすべてが見事に凝縮されている。最初の条件は、テクノロジーによる応急処置以上のことを必要とする、システム全体にかかわる課題の全宇宙を排除している。二つ目の条件は、長い時間をかけなければ変えることができないすべての問題、要するに、ほんとうに重要なことのほぼすべてを排除している。そして三つ目の条件は、生成的な資本への無理解を露呈している。

私の経験では、社会的土壌を耕すためのプラットフォームに必要なのは、（a）方向性を定める原資——たとえば共有の知的資本などだが、ほかの形の資本も必要——の寄付、そして（b）共創造の場を生成しつづけるコミュニティを確立させることである。

本書の第I部では、我々の時代の大きな特徴として、プレゼンシングと不在化《アブセンシング》という二つの社会的な場が絡み合う複雑な力学を示した。我々はみな、身近にある二つの場の例を知っている。しかし、マクロとムンドの構造になると、不在化《アブセンシング》の巨大な増幅メカニズム（既存メディアとソーシャルメディア）が働いているのは見えるが、プレゼンシングが増幅されている例はほとんど目にしない。

そこで、社会的土壌を大規模に耕すことが重要になってくる。どうすればそれが可能かを探るために、プレゼンシング・インスティチュートとハフポストは、二〇一八年の早い時期に共同イニシアティブを立ち上げる。メディアと運動構築《ムーブメント・ビルディング》の融合としてデザインされた対話型マルチメディア・ハブである。新しい経済の物語《ナラティブ》——資本主義を変革するための原則と実践を体現している例——に焦点を合わせた質の高いジャーナリズムを、方法、ツール、ライブセッション、世界中で同時に行うマインドフルネスの時間、きわめて個人的な小グループでの対話《ダイアログ》を融合させた新しい「Uラボ型」の学習プラットフォームと組み合わせたものになる。利用者には、仲間との会話から、地元で新しい経済の種を発見するために自分たちで組織する感じ取る《センシング》旅まで、さまざまな参加の形が提供される。チェンジ・メーカーは自分のイニシアティブをアイデアから行動へ移すのを助けるツールを見つけることができるだろう。目的は、出現しつつあるこの地球規模の運動《ムーブメント》が、それ自身に気づくのを助けるプラットフォームを創り出すことである（www.presencing.org にこのプラットフォームの説明がある）。

第Ⅲ部

進化的社会変革の物語《ナラティブ》

U理論は（1）枠組みであり、（2）手法であり、（3）運動《ムーブメント》である。運動《ムーブメント》という言葉を、私は、社会、経済、文化の進化を語る新しい物語《ナラティブ》という意味で使う。それはすべてのセクターとシステムに応用することができ、経済的、社会的、精神的分断を埋めることを目的としている。第Ⅲ部では、このような進化的な見方の要点を説明する（詳細に語ろうとすれば、もう一冊本を書かなければならないだろう）。U理論のレンズを社会システムの進化に応用するのである。

この最後の二章で、私は自分の原点に、「全体的な規模で社会的な場を育てるには何ができるだろう」という問いに戻る。この問いが私の旅を終始導いてきた。今ようやく家に戻ってきたように思う。

第6章 社会のオペレーティングシステムをアップグレードする

チェンジ・メーカーに話をすると、彼らはみなある一つのことには即座に同意する。自分たちの変革のイニシアティブが大成功を収めても、その影響は遅かれ早かれ、壁に突き当たるということだ。より大きなシステムの壁にぶつかるのである。

イニシアティブやアイデアをもう一つ加えるだけでは、今日我々が直面している環境の喪失（環境的断絶）、社会の喪失（社会的断絶）、人間性の喪失（文化的・精神的断絶）という課題を克服できないことは、みなわかっている。

こうした課題に取り組むためには、一歩後ろに下がって、より大きなシステムを見なければならない。我々は**思考と構造のオペレーティングコードを更新する**必要がある。スマートフォン用語で言えば、アプリをもう一つ作るのではなく、オペレーティングシステム（OS）全体をアップグレードする必要があるのだ。この章ではより大きな物語《ナラティブ》に焦点を合わせる。我々の社会の経済、民主主義、教育のオペレーティングシステムをアップグレードするにはどうすればよいのだろう。これらのシステムがそれ自体を感じ取り、観ることができるようにするにはどうすればよいのだろう。

経済4・0

二〇一七年の春、私はDOEN財団[★1]が新しい経済を創出する方法を探っている重要なイノベーターたちを集めて、アムステルダムで開いた会合に出席した。それはチェンジ・メーカーやパイオニアたちが織りなす非常に興味深いマイクロコズムであった。一人ひとりがさまざまに異なるてこの支点に焦点を合わせていた。たとえば、生態系の回復、「ゆりかごからゆりかごへ」（完全循環型）のデザイン、社会的起業、インパクト投資、協働的リーダーシップ、協同組合、地域通貨などである。

しかし欠けていることが二つあった。一つは、これらの分野すべてをつなぎ合わせる枠組み、もう一つは、古い経済が今具現化している破壊の物語《ナラティブ》を伝統的なメディアが増幅しているのと同じくらい効果的に、新しい経済の物語《ナラティブ》を増幅する共有されたメカニズムである。

★1 オランダの環境、持続可能性などの分野で活動する財団。doen はオランダ語で「する、行動する」を意味する

このより広い枠組みはどんなものだろうか。

根底にある問題――コモディティというフィクション

社会的起業や社会的責任企業、インパクト投資、トリプルボトムライン報告の優れた例は多い。しかし、ほとんどが力を注いでいるのは、主に症状であり、根本原因ではない。

政治経済学者、カール・ポラニーは、一九四四年の著書『大転換』[★2]で、資本主義を**コモディティというフィクション**として描いている。資本主義、彼の呼び方では市場社会は、フィクションを土台として成り立っている。自然、労働、お金はコモディティであり、それらは市場のために、消費のために生産されるというフィクションである。しかしポラニーは、自然はコモディティではないと主張する。我々が市場で消費するために生産されるものではない。人間（労働）も同じである。お金もそうだ。しかし市場システムでは、これらはみなコモディティであるかのように扱われる。

その結果、驚異的な成長がもたらされるが、環境破壊や貧困、繰り返される金融崩壊という形の巨大な負の外部性も伴う、とポラニーは言う。

解決法――経済のオペレーティングシステムをアップグレードする

社会はこうした機能不全に対し、労働基準や環境基準、社会保障、連邦準備制度などの**組織機構**

★2 カール・ポラニー『[新訳] 大転換』（野口建彦、栖原学訳、東洋経済新報社、2009年）

のイノベーションを生み出すことで対応してきた。これらの下では、市場メカニズムが有益ではないところではそのメカニズムが差し止められる。

資本主義のオペレーティングシステムが最初にアップグレードされてから一世紀以上が過ぎた今、我々は再び課題に直面している。しかも、今度の課題は地球規模である。

こうした課題に対応するために、我々は、今の時代の社会や環境の課題という観点から経済と繁栄について真剣に考える非公式の円卓会議をＭＩＴで組織した。多くの重要な可変要素を検討した結果、それらに同時にてこ入れすれば、**我々のシステムをエゴシステムからエコシステムの意識に移行させる**ことを可能にするオペレーティングシステムに更新できるという結論に達した。私はこうした可変要素を「鍼のツボ」と呼んでいる。ツボを押すことが体に影響を及ぼすのと同じように、システムに対して機能するからだ。起動すると、システム全体に再生をもたらすような影響を及ぼすことができる。

経済変革のマトリックス——七つの鍼のツボ

七つの鍼のツボとは、**自然**、**労働**と**資本**（三つの古典的な生産の要素）、**技術**と**マネジメント**（近代の生産機能に新たに加えられた二つの要素）、**消費**（方程式の消費者の側）、そして**統治**（全体をどう調整するか）である。

七つの分野すべてに、深層にある核心的な問題の枠組みを変えなければならない問題症状がある（図14を参照）。そしてそれぞれに、現在のエゴ中心的なシステムをエコ中心のシステムに転換するための実践的なてこの支点がある。図14に描き出された景観をじっくりと検討してみよう。こういう図表が好きでない場合は、飛ばして先に進もう。

経済のオペレーティングシステム全体をアップグレードするには、次のような移行が求められる。

▼自然……資源から生態系《エコシステム》へ

既存の経済システムの中心的な課題は、限りある資源の世界で無限の成長という目標に基づいていることである。したがって、ここでなすべきことは、自然を資源としてではなく、生態系《エコシステム》としてとらえ直すことだ。自然の恵みを、売ったり、使ったり、捨てたりするコモディティとして扱うのではなく、自然の世界を、我々が育て、ともに進化する必要がある循環型の生態系として扱わなければならない。この方向にシステムを移行させるためのてこの支点には、次のものがある。

- 「ゆりかごからゆりかごへ」のデザイン原則に基づく循環型の経済
- 土壌を育てる循環型農業による生態系《エコシステム》の再生

▼労働……生業から自分で何かをすることへ

二〇五〇年までに、今ある仕事の四〇%は自動化に取って代わられると予測されている。それゆえこれからは、労働を、お金を稼ぐための「生業」と考える代わりに、新たな仕事観を創出し、自分の最高の可能性を実現することを可能にする創造的な行為として扱わなければならない。仕事の未来を、より人間関係に基づいた文化的・創造的領域に移行させるてこの支点には、次のものがある。

- 最低所得保障《ユニバーサルベーシックインカム》
- 最高の未来の可能性を起動する教育4・0を無料で受けられること

▼お金……搾取的から意図的へ

誰もが気づいていることだが、地球全体でかつ

技術	マネジメント	消費	統治
イノベーションと真のニーズの分離	組織機能のリーダーシップの大々的な失敗	GDPと幸福の分離	統治と利害関係者への影響の分離
創造性の抑制から創造性の強化へ	縦割り組織から生態系へ	GDPと消費主義からGNH（国民総幸福）へ	ヒエラルキーと市場からABCへ
環境や社会への負荷を可視化するためのツール	生態系による調整のためのインフラ	経済進歩の新しい指標	生態系：システムにそれ自体を観させる
全体から自分自身を観るためのツール	大規模な無料の能力開発メカニズム	参加型予算策定	コモンズに基づく所有権

てないほどお金が蓄積されている。ここでの課題は、金融資本の流れを実体経済に向けさせ、社会のコモンズ（共有財産）を刷新することである。現在、ある場所には投機的で搾取的なお金が過剰に集まっているが、もう一つの場所、生態系と社会と文化のコモンズの再生に貢献する意図を持ったお金が集まるべきところには、ほとんど集まっていない。このようなお金の流れを設計し直すためのてこの支点には、次の二つがある。

- 搾取的なお金に取って代わる循環的な通貨
- 労働ではなく資源に課税するための税制度改革

▼**技術……創造性の抑制から創造性の強化へ**

人がフェイスブックやグーグルのようなテクノロジー企業に操られるのではなく、技術を使って

図 14　経済変革のマトリックス

OS	自然	労働	資本
課題	有限の資源 VS 無限の成長	2050 年までに 仕事の 40%は消滅	金融と実体経済の 分離
枠組みを変える エゴからエコへ	資源から生態系へ	生業から起業へ	搾取的な資本から 意図的な資本へ
てこの支点1	循環型経済	最低所得保障	循環的な通貨
てこの支点2	生態系の再生と 循環型農業	最高の可能性を 起動することを学ぶ	労働ではなく 資源に課税する

自分たちの世界やシステムを創り出す力を得るにはどうすればよいのだろう。フェイスブックもグーグルも、始まりは世界をより良い場所にするというアイデアを持った理想主義的な学生が起こした事業だった。そして、多くの意味でその目標を達成した。しかし成長に伴って、利益を最大化したいという投資家の欲求を満足させるために、広告を拒否する当初のスタンスを放棄してしまった。さらに、こうしたテクノロジー企業が、おそらくはそのつもりはなかっただろうが、ロシア政府や利益団体が二〇一六年のアメリカ大統領選挙を操作するのにかなりの程度手を貸すことになったことがわかってきた。これはほんの一例であるが、技術は非常に明確な倫理的な意図をもって使わなければ、たちまち、善なる力から、さまざまな疑わしい反民主主義的、反憲法的な利益団体を後押しする力に変わってしまう。

新しい共創造的な社会テクノロジーをもたらすてこの支点には、次のものが含まれる。

- 個人やコミュニティが、自分が選んだ消費の形が、社会や環境にどれくらいの負荷を与えるかを購入した時点で目に見えるようにするツール
- テクノロジーを利用して、個人やコミュニティが全体という鏡を通して自分を観ることができるようにするツール（第5章と図12で紹介したドイツの医療グループの話を思い出していただきたい。スマートテクノロジーを使えば意識の移行をはるかに大きな規模で起こすことができる）

リーダーシップ

我々は誰も望まない結果（自然、社会、人間性の破壊）を集合的に作り出している。ここでの課題は、組織やセクターの境界を越えて、重大なリーダーシップの失敗に対抗することである。スーパーエゴに迎合する代わりに、生態系《エコシステム》全体のレベルで未来を共感知し、共形成するリーダーの能力を強化しなければならない。この方向に進むためのてこの支点には、次のものが含まれる。

- 共感知のためのインフラ……システムを端から（最も周縁に追いやられているメンバーの立場に立って）、そして全体から観る（たとえば対話《ダイアログ》やソーシャル・プレゼンシング・シアター）
- エゴシステムからエコシステムへの移行を後押しする大規模な能力開発メカニズム（たとえばUラボ）

消費

ここでの課題は、すべての人のための幸福を創り出すことである。今日の世界では、より多くのアウトプット、より多くの消費、より大きなGDPが、より大きな幸せにつながるとは限らない。消費主義を推進したり、国内総生産などの指標を追求したりするのではなく、シェアリングエコノミーの手法や、国民総幸福（GNH）あるいは真の進歩指標（GPI）といった幸福の尺度を導入しなければならない。この領域でのてこの支点には、次のものがある。

- 幸福の経済のさまざまな手法と新しい経済指標
- 参加型予算策定

▼統治

ここでの課題は、複雑なシステムでの意思決定と、そうした決定の影響を受ける人々の実際の経験との断絶を埋めることである。統治の刷新とは、我々がよく知っている三つの古典的な調整メカニズム（ヒエラルキーの目に見える手、市場の見えざる手、組織化された利益団体間の複数中心的調整）に**四番目のメカニズム――全体に対する共有された気づき**を加えて補うことを意味する。この領域でのてこの支点には、次のものが含まれる。

- 気づきに基づく集合的行動（ＡＢＣ）を引き起こすために、**システムがそれ自体を感じ取り、観ることができるようにする**インフラ
- 未来の世代の権利を保護する、コモンズに基づく所有権（私的、公的財産権に加えて）

エゴからエコへの移行のためのロードマップ

一歩後ろに下がって、大きな全体像を眺めたら、何が見えるだろう。それぞれのてこの支点は、

ポランニーが自然、労働、お金についてのコモディティのフィクションとして描き出したことに、異なる角度から取り組むものである。

一言で言えば、U理論のレンズを通して経済を見れば、七つの鍼のツボすべてに沿ってオペレーティングシステムをアップグレードする方法を見つけることができる、ということだ。経済進化のマトリックスを導入する方法の詳細は、カトリンとの共著、『出現する未来から導く——U理論で自己と組織、社会のシステムを変革する』と、我々がハフポストとともに作っている対話型マルチメディア・ハブ（www.presencing.org）で紹介している。

以上に述べたことすべてをうまく機能させるには何が必要だろうか。それは政治的な意志である。そこで次のトピックが出てくる。

民主主義4・0

多くの場所で民主主義システムが壊れている。その状況がおそらく最もよく見えるのはアメリカだが、アメリカだけの話ではない。根底にある問題は何だろう。進化する民主主義のシステムが存在しないことである。歴史的には民主主義システムは次のように進化してきた。

1・0——一つの党による民主主義（中央集権的）から

2・0──複数の党による間接的（議会制）民主主義へ
3・0──参加型間接的（議会制）民主主義へ、そして次に考えられるのが
4・0──直接的、分散的、デジタル利用、対話方式（4D）の参加型民主主義だ。

これらのトピックについては多くの人の著作があるので、ここでは全体像だけを見ることにしよう。

アメリカ（トランプ主義の台頭）、イギリス（EU離脱）、トルコ（エルドアン）、ロシア（プーチン）、フィリピン（ドゥテルテ）には一つの共通点がある。どの国も自国が抱えている課題の多くを解決できそうにない2・0か3・0の民主主義で動いていることである。これらの国の有権者は、民主主義を後退させることになるとしても、支配者層に揺さぶりをかける極端な人物や政策に投票することで、現状への不満を表現しているのだ。人々の不満は、こうしたリーダーがより権威主義的なシステム（1・0「民主主義」）を主張する舞台を作り出した。これらの国の選挙にほとんど見られなかったのは、未来志向の選択肢──権力の源を利益団体からコミュニティの真のニーズへ、トップダウンのリーダーシップからより広く共有された共感知と共形成のプロセスへと移行させる4・0の民主主義を実現するアイデアである。

民主主義4・0は、現にいくつかの街や、都市部や農村部の地域コミュニティに現れてきている。そこで行われている会話は、より直接的、分散的（集合的）で、デジタルを利用し（オンライ

ンとオフライン の融合）、対話方式である。つまりシステムがそれ自体を観ることができる会話ということだ。

メディアは4・0民主主義への移行に重要な役割を負っている。独立したメディアを持たずに民主主義を維持することは、酸素のないところで呼吸しようとするようなものだ。空気をとらえようとあえいでも、その努力は何の役にも立たない。それではシステムは崩壊に向かうだろう。今日のメディアの問題は二つある。利益団体に依存しすぎていることと、方程式の**プレゼンシング**ではなく、**不在化**《アブセンシング》の側に傾きすぎていることである。

セクター横断4・0

今世紀のこれまでの破壊的混乱は、次に挙げる三つのより深い構造的な問題から生じている症状である。

- すべての人のための幸福を生み出せないこと（経済的断絶）
- すべての人がほんとうに参加する状況を作り出せないこと（政治的断絶）
- すべての人のための生成的な学習の機会を作り出せないこと（文化的断絶）

こうした問題を持つ構造を包括的に再編するには、医療、教育、食糧、金融という、通常は別個のものと考えられているが相互に関係のあるシステムを見直し、再設計することが求められる。全体を調整するために、五つ目のシステム、マネジメントと統治の再編も必要になるだろう。**プレゼンシング**のレンズを通して――つまり、生成的な社会的な場の起動を通してこれらのシステムを改めて描き直すには、何が必要だろう。

今日の世界の食糧システムは、いまだに非常に破壊的である。医療システムはまだ病んでいる。教育システムは学ぶことができない。グローバルな金融システムはエンジン全開で次のクラッシュに突き進んでいる。財団や慈善家は相変わらず資産を古い経済に注ぎ込み、その結果、もし彼らの助成を受けていたら受給者が是正できたはずの根本的な問題を悪化させている。環境、持続可能性、社会的責任を標榜するイノベーターは、最初は彼らに何か新しいものを開発する余地を与えた隙間《ニッチ》にはまり込んでいる。しかし今では、こういう隙間は、新しいレッテルやキャッチフレーズは採用したものの、多くは古いモデルを引きずっている主流のプレーヤーの参入でますます混み合ってきている。たとえば、アマゾンによるホールフーズ・マーケットの買収は、ウーバーがシェアリングエコノミーに与えたのと同じような影響を有機農業に及ぼす可能性がある。異なる経済の論理から生まれた何か（健康的な食品だけを扱う食料品店）を取り出して、古いパラダイム（世界支配をもくろむパラダイム）にしっかりと根を下ろした経済のオペレーティングシステムに合うように形を変えるのだ。

以上の各システムは、すでに4・0に移行しはじめている（図15を参照）。それは圧倒的な規模のシステムの変革に違いない。しかし我々はどうすればその変革への気運を創り出し、支援し、維持することができるだろうか。

医療——病因論から健康生成論へ

カイザーパーマネンテなどの大手医療システムのイノベーターは、医療サービスの提供が左右するのは健康の二〇％にすぎず、社会や環境、行動の要因が六〇％を占めることに気づいた。そして、病気の症状を治療する**病因論**から、コミュニティの健康と幸福を決定する社会的要素を強化する**健康生成論**へと焦点を移しはじめている。

主流の医療組織は次のように形を変えてきた。

- OS1・0——医師と医療組織を軸に展開する、伝統的な**インプット中心**の運用から
- OS2・0——エビデンスと標準治療に基づき、科学中心の運用で展開する**アウトプット中心**の医療へ、
- OS3・0——**患者中心の**経験を通して、医療サービスをよりシームレスに提供し、革新的な方法を組織することへ、そして最終的に真のイノベーターは
- OS4・0——**健康と幸福の源を強化すること**（健康生成論）へと移行している。

教育――生徒中心の教育から学習のより深い源の活性化へ

教育と学習においてもきわめてよく似た移行が起きている。それは次のような旅である。

- OS1・0――伝統的な教授法と教師を軸に展開する**インプット中心**の運営から
- OS2・0――標準化されたカリキュラムとテストのために教えること（つまり、過食症的学習。素早く入るが出ていくのも速い）を軸に展開する**アウトプット中心**の教育へ
- OS3・0――**学習者中心**の、生徒の経験を学習環境の再編の中心に置く教育へ、そして
- OS4・0――学習者を**創造性の源**と人間性の最も深い本質に結びつけ、出現する未来の可能性をともに感じ取り、それらを機能させ

農場／食糧	金融	統治
伝統的 農家中心	伝統的 金融資本	ヒエラルキー
工業的 単一栽培	搾取的資本： ウォール街	競争
有機的： 生態系中心	責任ある資本： インパクト投資	利害関係者間の対話
環境／社会の 刷新の源を育てる	生成的資本： システムの変革	ABC： 気づきに基づく集合的行動

ることを教える教育へと移り変わってきた。

最も革新的な学校（や、フィンランドの学校制度全体）は、すでに4・0の教育と学習の実験を行っている。

食糧——有機農法から生きた生態系《エコシステム》の存在へ

農業と食糧セクターでは次のような移行が起きてきた。

- OS1・0——**伝統的**な農法から
- OS2・0——科学に基づく**工業的農業**へ、
- OS3・0——**持続可能な農業慣行**へ、
- OS4・0——農場を経済的、環境的、社会的、精神・文化的再生の場、すなわち生きた生態系《エコシステム》を癒やすための場所として育むことにより、単なる食糧生産をはるかに超える

図15　システム進化の4段階、4つのオペレーティングシステム

OS	医療	学習
1.0 インプットと権威中心	伝統的 医師中心の医療	伝統的 教師中心
2.0 アウトプットと効率中心	エビデンスに 基づく医療	テスト中心
3.0 利害関係者と顧客中心	患者中心の医療	学習者中心
4.0 生成的生態系中心	健康生成論： 幸福の源を強化する	共創造的： 学びのより深い 源を活性化する

営みとしての農業へ。

単一栽培、収量の最大化、利益に焦点を合わせた工業的な農業2・0モデルは、地球にとって大きな災いであった（土壌侵食、水の汚染）だけでなく、人間（農業者、労働者、サプライチェーン、消費者）にとっても災いであったことは、もうよくわかっている。有機的な農業3・0の世界の革新者の多くは、最初の成功のあと、不安や失望を感じている。彼らはブランドを築いた。責任あるサプライチェーンを築いた。コミュニティを築いた。しかし水面下では、次のような問いが湧いてきている。大規模なデジタル化、ビッグデータ、そして生態系《エコシステム》としての農場の全体性を破壊することで何十億ドル規模のビジネスを展開しているモンサントのような企業が支配する世界で生き残るには、どうすればよいのか。そして、ほんとうに有機的な農業とはどういうものなのか。単に環境への負荷を減らすことなのか。それとも、何かそれ以上のものなのか。そうであれば、その何かとはどういうことか。こうした問いかけが指し示すのは、（循環的な農業を通して）環境的断絶を埋めるだけでなく、（包摂的なサプライチェーンを通して）社会的な断絶を埋め、（社会の刷新のための空間として農場のエコプレゼンスを養うことによって）精神的な断絶を埋めるフィードバック・ループを閉じることに焦点を合わせた、出現しつつある4・0のモデルである。

金融——搾取的な資本から生成的な資本へ

金融とお金の進化は、2・0と3・0のシステムの、今日のシステム全体が陥っている「膠着状態」と深く結びついている。主流の金融システムは次のように移行してきた。

- OS1・0――**伝統的**な人中心の銀行業から
- OS2・0――外部性に目を向けない**搾取的資本**の、コモディティ中心の銀行業へ。しかし今、こうした金融慣行は自己破壊への道であるという事実に世界中が目覚めはじめており、次に移行する準備ができた。そして、
- OS3・0――**インパクト投資**とより責任のあるお金の使い方――つまり、正と負の外部性への気づきが高まった。ほとんどの財団、インパクト投資家、ベンチャー慈善家は、こうしたアイデアと目標を共有している。しかし、彼らのプロジェクトやプログラムが今日の破綻しつつあるシステムの根本原因に取り組むことはほとんどない。そこで登場するのが、
- OS4・0――長期的な影響と、創造的、社会的、環境的コモンズの再生に意図的に焦点を合わせることを特徴とする**生成的資本**だ。ホールフーズはなぜアマゾンに売られたのか。セブンスジェネレーションがユニリーバに売られたのも同じ理由による。投資家がお金をほしがったからだ。言い換えれば、資本の所有者の意図が、全体への長期的な影響に貢献することではなく、お金を引き出すことに焦点を合わせていたからだ。そこで統治が問題になる。

統治——競争からＡＢＣ（気づきに基づく集合的行動）へ

歴史的には、１・０のメカニズムはヒエラルキーと中央集権であった。２・０のメカニズムは市場と競争の台頭とともに登場した。そして、３・０のメカニズムは組織化された利害関係者グループの間の交渉という形を取った。

今日、最も重要であるにもかかわらず、最も理解されていない組織機構のイノベーションは、システムがそれ自体を感じ取り、観るようにすることに基づく４・０の調整メカニズムの創出である。気づきに基づく集合的行動（ＡＢＣ）、つまり、全体を見ることから行動することである。この統治のメカニズムがローカルな状況で採用されている最初の例がすでに出てきている。多くの都市や地域コミュニティで、利害関係者が環境的、社会的、政治的、文化的コモンズを再建しようと協働している。しかし、この境界を越えた協働を集積して、地域、国、大陸へとより大きなシステムに拡大するにはどうすればよいかは、まだ十分に理解されていない。第５章で説明した原則と実践が最も重要になるのはここかもしれない。

４・０ラボ

二〇一七年の夏、私はハンブルク近郊の私が育った農場を訪ねた（ちなみにそこは、もう単なる家族経営の農場ではない。所有形態を変え、三つの断絶を埋めることに取り組む財団にした）。訪問の日的は、ヨーロッパとアジアの環境意識の高いブランドの創業者やCEOの会合に参加することだった。そういう分野の主な先駆者やイノベーターが輪になって座っていた。そこで行われた啓発的な会話は、食糧セクターの進化について多くのことを教えてくれた。

そのサークルをよく見れば、そうしたリーダーたち（とその会社）を3・0の世界であれほどの成功に導いたものが、出現しつつある4・0の環境で成功する助けにはならないことも私にはよくわかった。彼らもまたそのことを理解していた。

そこで私は、グループとともにあるアイデアの可能性を探った。グローバルなイノベーション・ラボを作ることを提案したのである。上述した食糧、金融、医療、教育という四つのシステムすべての先駆者や有力なイノベーターが集まり、セクターの垣根を超えた4・0のイノベーション・ラボを作り上げるというものだ。

大まかに言うと、「4・0」ラボは、一つまたは複数の地域のラボで開始することになっている。それぞれの地域ラボは、まずアジェンダ策定のためのワークショップを開く。そこでは主要なイノベーターや組織機構のパートナーがつながり合い、お互いに対する知識を深め、アジェンダを共始動し、各ラボがその地域でどんな取り組みに集中するかを決める。プレゼンシング・インスティチュートは、手法やツール、オンライン‐オフライン融合のUラボのプラットフォームでこれらのラボを支援し、その結果をハフポストと共同で企画推進している新しい経済に関する共同マルチメディア・プラットフォームで共有する。

このアイデアは会合も終わりに近づいたころに出てきたのだが、サークルに参加していた創業者のうちの三、四人が、すぐさま「やりましょう」と言ってくれた。何をやるのかもまだ正確にはわからないというのに。もちろん私にもそれはわからない。しかし私は、こういう種類のセクター横断型のイニシアティブこそ、多くの場所で、地域で、地理的条件下で、これまで以上に必要であると確信している。なぜなら、4・0のプラットフォームと生態系《エコシステム》は、誰も単独では創り出せないからである。

第7章 原点に戻る

私の旅は農場から始まった。五歳か六歳のころのある日、家族の友人がうちを訪れた。彼はハンブルクの州政府で働いていた。私は、彼が語る私にはまったく未知の世界の話に釘づけになり、いつかそんな世界とつながりたいと思ったことを覚えている。

東ドイツのKGBに感謝を込めて

その後私は、当然のように、外の世界で起きていることに深い関心を持つようになり、さまざまな社会運動に活動家として加わった。ヨーロッパの平和運動が最も盛んだったころ、私はときどき東ドイツと西ドイツを行き来していた。しかしそれも一九八四年のある日までのことだった。私は自分がブラックリストに載っていることを知った。私は東ドイツへの入国を禁じられた。

そして一九八九年、ベルリンの壁が崩壊した。ドイツ政府は一九九〇年にシュタージ記録庁を設立し、シュタージ（ソ連のKGBに相当する東ドイツの機関）が市民について保管していたファイルをドイツ市民が閲覧できるようにした。もちろん私は自分のファイルにどんなことが書かれているのか興味があった。閲覧した私は、彼らが私についてほとんど知らなかったことに驚いた（我々は彼らの能力を過大評価していたのだ）。ファイルはきわめてドイツ的な官僚主義的構成で作られていた。各ファイルには、その対象の人物と、彼または彼女の活動を記述する欄があった。私のファイルにはこう書かれていた。「彼は反体制運動の主導的サークルを触発《インスパイア》する」。すごい、と私は思った。私が説明しようとすれば何日もかかることを、たった一つの文に見事にまとめていた！　私は自分ではそんなふうには言わなかっただろうが、振り返ってみると、小さな機会に、幸いにもこの描写の要素を体現できていたことがあった。

言うまでもないことだが、今でもこの同じ言葉は、私が達成しようと努めていることを表現するために使える。「触発《インスパイア》する」とは、内側からの行動を喚起することだ。「主導的サークル」とは単なる個人の集まりではなく、集合的なリーダーシップである。「運動《ムーブメント》」は気づきに基づく変革、組織機構の構造をあちこち手直しすることよりはるかに深い何かである。だから私は、シュタージの私のファイルにあの説明を書き込んだ人に感謝しなければならない。あの一文が私の目的を変えたわけではない。だが、目的をより明確にしたのである。

道からそれない

若いころ、多くの人にこう言われた。「年を取るまで待ちなさい。変革なんていう考えはすべてそのうち消えていって、優先順位が変わるから」と。まるで、私が心の中で感じていることが、成長とともに卒業すべき子供時代の病気であるかのように。そんな言葉を聞くたびに私は肩をすくめ、平静さを装ったものだが、心の中ではこう考えていた。「違う！　絶対に！　この人たちはいったい何の話をしてるんだ？」

今私は、すぐにも起ころうとしている社会の変化にこれまでにないほどつながっていると感じている。それは我々が生きている歴史上の瞬間のせいかもしれない。あるいは、私の歳のせいかもしれない。体は老いていくが、不思議なことに、私のエネルギーは若返っていくようだ。私の過去の人生は、今まさに始まろうとしている本物のための準備期間であったような気がする。その本物とは何だろう。正確に言い表すことはできない。だが、感じることはできる。それは我々のコミュニティの今という瞬間——多くの場所で今まさに起きることを望んでいる、私がそう感じるものである。

「やらないわけにはいかない」

私の最も重要な師の一人は、平和研究者のヨハン・ガルトゥングである。一九八三年にベルリン自由大学で初めて彼の講義を聞いたとき、私の精神に明かりがともったように感じた。私は突然、アクション・サイエンスとはどういうふうなものかがわかった。それは、現場に入っていく科学、前進する社会の変化の第一線に身を投じる科学だった。

翌年、ヴィッテン・ヘアデッケ大学の学生になっていた私は、ガルトゥングを学生主催の会議に招いた。結論から言えば、彼はその後一五年以上、ヴィッテン・ヘアデッケ大学の客員教授を務めることになった。各学期に数週間ずつ訪れて、「ヴィラ」のゲストルームに滞在した。「ヴィラ」というのは、私と十数人の学生が借りていたぼろ家だった。ヴィラは当時まだ発足したばかりの小さな大学の、学生と教師のコミュニティの中心のような場所だった。ある日、ガルトゥングと学部長が我々とともに朝食をとっていた。ガルトゥングは構造的暴力の理論でも有名で、さまざまな文化圏の大学で教鞭を執っていた。一人の学生が彼のほうを向いて尋ねた。「ヨハン、あなたはこれまで非常に多くのことを成し遂げてきましたが、まだ、やっていないことは何ですか。残りの人生であなたが生み出したいことは何ですか」。ガルトゥングは答えた。「地球規模の移動する平和大学というアイデアを考えています。学生は世界を旅しながらグローバルシステムを生きている全体性として見る方法を学び、異なる文化や文明の視点からそれを見るのです」

彼がその世界を巡る学習の旅の構想を詳しく語りはじめたとき、私はこれをやることこそ自分の運命だと悟った。その朝、食卓を囲んだカトリンもほかの学生も同じ気持ちだった。やらないわけにはいかない！　そう深く悟ったことは非常に大きなエネルギーの源だった。話を聞くうちに、ガルトゥングは米国のバード大学と共同でそのようなグローバル大学のプロジェクトを実現しようとしたが、組織化、資金調達、運営などの複雑さから行き詰まっていたことがわかった。学生の我々はそのような問題に対して何の経験もなかったが、腹の底ではそれができるとわかっていた。そして我々は実行した。しかも、記録的な速さで。

我々五人は数カ月でそれをやり遂げた。緻密にプロジェクトの計画を立て、産業界や個人のスポンサーから五〇万ドルを集め、一二の提携大学、二九〇人の講師と契約を結び、東欧諸国を含む一〇カ国の学生からなる一期生三五人を選抜し、奨学金の資金を集めた。いったんこの旅に出ると、どんなつまずきも（いくつかはあった）やり遂げることを妨げることはないとわかっていた。後にガルトゥングは我々のやり方を、敵を探し出して追跡し、破壊するミサイルにたとえた。「いったん標的をとらえたら、たとえそれが動いても、撃ち落とすまで止まらない」

別のたとえを使ってくれればよかったのにとは思うが、その言葉には今でも真実の響きがある。「目標をとらえた」と感じたときには、いつもどうにかしてやり遂げることがわかる。しかし目標の捕捉は、頭から生じるのではない。自分とコアグループが未来の場に身を乗り出すとき、自身の全存在から出現するのだ。

しかし、この「目標をとらえる」経験が、まだあまり目に見える結果を生み出していない分野がある。数十年にもわたって、私は、社会変革のための地球規模の気づきに基づくアクション・リサーチ大学を作るという大きな展望を描いてきた。しかし、可能性は感じるものの、これを実現する道は現れなかった。そして二〇一五年、私がこの望み、あるいは夢を諦めかけたとき、思いがけないことが起きた。グローバルなMOOCであるUラボの登場である。こうして突然、数十年来の意図への道筋が開けた。

Uラボ

Uラボは、有機農法の農家が畑に対して行うのと同じことを、地球規模の社会的な場に対して行う。土壌を耕すのである。Uラボの場合、一八五カ国のチェンジ・メーカーをつなぎ、結びつけ、能力を身につけさせるオンライン‐オフライン融合型の学習プラットフォームの形でこれを行う。これは、生成的な社会的な場を育てることによって、経済、民主主義、教育のシステムを進化させようとするチェンジ・メーカーたちの、出現しつつある地球規模のイノベーションの生態系《エコシステム》の一部をなすものだ。Uラボとプレゼンシング・インスティチュートは、次の四つの重要な活動に力を注ぐことによって、こうしたイニシアティブを支援する（図16を参照）。

図16　Uスクール——誕生しつつある地球規模のアクション・リサーチ大学

- 第5章で説明したように、三つのセクター（企業、政府、市民社会）すべての重要なプレーヤーを一堂に集める**イノベーション・ラボを招集する**。
- Uラボで実証されているように、頭と心と手の知性を融合する**大規模な能力開発メカニズムを作る**。
- 本書を通して描いてきたように、人間の意識の進化という観点から、アクション・リサーチとシステム思考を結びつける**知識の創造**。
- 第6章で概略を示したように、経済、民主主義、文明の再生という新しい物語《ナラティブ》を通して、生成的な社会的な場と**運動**《ムーブメント》を始動させる。

MIT組織学習センターから派生したプレゼンシング・インスティチュート（PI）と、全世界に広がる実践者のネットワークは、セクターやシステムの境界を越えて、ラボやツール、オンライン・オフライン融合型の能力開発プラットフォームといった前記の要素のプロトタイプ作りに成功した。しかし、今求められていて、達成可能だと我々が考える影響や規模のレベルに達するにはほど遠い。

二〇一五年に最初のMOOCが始動してからの旅は、驚くべきものであった。初めて、プラットフォームとコミュニティがきわめて急速に大きく規模を拡大するのを目の当たりにしたからである。五〇〇から六〇〇ものの、自発的に組織された地域ベースのコミュニティが、さまざまな都市や国、文化圏に続々と生まれたことは、より流動的、個人的、実践的、自己組織的な方法で人と目的を結びつけることが早急に必要であることに気づかせてくれた。

企業やＮＧＯなどの大きな組織機構もＵラボを利用しはじめている。スコットランドとオランダの政府もそうである。スコットランド政府のイノベーション責任者、ケネス・ホッグは、スコットランド政府がＵラボを使う理由を次のように説明している。「**世界は急速に変化しており、未来を予測することはできません。新しい能力が必要です。何が起きているか、どんな集合的な対応が考えられるかを理解する能力です。それは、意味を理解する能力であり、分析ではありません。なぜなら、分析よりも広い範囲のデータと情報源を活用するからです。Uラボは、自分たちの周りで起きていることの意味を理解し、未来の可能性を感じ取り、物事をこれまでと違う方法で行う能力を身につけるのを助けてくれるのです**」

これを書いている今、我々は、この仕事が急速に前進し、進化し、成長して、世界中に重要な影響を与えるようになるかもしれないという稀有な段階に来ている。そして我々は多くの手段を講じ、組織機構のインフラを築き、技術的なプラットフォームを改善し、その準備を整えている。参加したいという意欲が湧いてきたら、つねにプレゼンシング・インスティチュートのウェブサイトに掲載されている最新のニュースと情報にアクセスしていただきたい。

地球全体から聞こえてくるコミュニティの鼓動が響きつづけるように、我々はメディアと運動構築《ムーブメント・ビルディング》が融合したものを作っている段階だ。たとえば、毎月オンラインで開催するライブセッションだ。そこではより大きなコミュニティが、集合体の土壌を耕すことを目指してつながり、事例を共有し、少人数のグループ対話《ダイアログ》や世界中で同時に行うマインドフルネスの時間に参加できる。

本書で紹介した話の多くは、私自身の経験を軸に展開するが、私はそれがどんな意味においても私だけの問題であるとは思わない。むしろ、本書で共有したような話は、ほとんどの人が理解しているよりはるかに幅広く、あらゆるセクター、システム、文化、コミュニティで経験されていると確信しているからこそ、私はこの本を書いているのだ。こうした話は、多くの人々が感じ取り、それに耳を傾けはじめている覚醒と運動構築《ムーブメント・ビルディング》のパターンの一部である。

四〇年前、私が育った家は焼け落ちてしまった。今、火がついているのは世界である。私が祖父や、さまざまな破壊的混乱の経験から学んだことがあるとすれば、こういうことだ。破壊的混乱が起きたときには、二つの選択肢がある。

- その場から逃げ出し、閉じこもり、偏見、憎悪、恐れを具現化する**不在化**《アブセンシング》に向かう。
- 自らを開き、好奇心、共感、勇気を体現する**プレゼンシング**に向かう。

この二つの対応は、私の思考の中では一インチも離れていない。未来がどのように展開するかを変える後者を選ぶのは、我々が意図的に行うことである。共有された気づきからの行動は、集合としての我々の旅の進路を変える。そこには我々を必要としつづける未来の種がある。どんな瞬間にも。今も。

参加しよう

こうしたことが心に響いたなら、気づきに基づくシステム変革のこの運動《ムーブメント》について、探求し、つながり、参加を深めるために、次の三つの行動を取ることができる。

1. www.presencing.org にアクセスし、プロフィールを登録して、増加の一途をたどっている科学、意識、社会変革が交差するところで協働している人々の仲間に加わる。
2. 無料のUラボ1xに受講登録して、U理論に基づく手法とネットワークにアクセスする。
3. 次のライブセッションを予定表に書き込み、会話に参加する。

www.presencing.org で提供されていることは、つねに進化し、変化している。最近の更新をたびたびチェックし、資源を友達や同僚と共有しよう。最も重要なことは、本書やウェブサイトで学んだことを自分の身近な環境で行動に移し、深い変革を導くことについて学んだ内容を共有し、返すことである。そういう行動こそが、最終的にこの運動《ムーブメント》を成長させるのである。

◉著者

C・オットー・シャーマー　C. Otto Scharmer

マサチューセッツ工科大学（MIT）上級講師、清華大学客員教授、u.lab 共同創設者。ベストセラーとなった著書『U理論』と『出現する未来』（ピーター・センゲ、ジョセフ・ジャウォースキー、ベティー・スー・フラワーズとの共著）で、出現する未来から学ぶという「プレゼンシング」の概念を紹介した。カトリン・カウファーとの共著『出現する未来から導く』（英治出版、2015年）はマインドフルネスのビジネス、社会、自己への応用に焦点を当てている。中国とインドネシアでセクター横断型イノベーションのための MIT IDEAS プログラムの座長を務めるほか、MIT × u.lab を通して185カ国の75,000人に変革を導くリーダーシップのための学習を提供している。2015年に MIT ジェイミソン教育功労賞を受賞。

www.ottoscharmer.com

プレゼンシング・インスティチュート　Presencing Institute

プレゼンシング・インスティチュートは、2006年に MIT のオットー・シャーマーと同僚らによって、科学、精神性、社会変革が交差するところでアクション・リサーチのプラットフォームを創造することを目的として創設された。過去20年以上にわたって、社会テクノロジーとしてのU理論を開発し、世界各地でセクター横断的な変革のイニシアティブを導き、高い評価を受けているUラボと呼ばれるイノベーション・プラットフォーム（当初は大規模公開オンライン講座として始動した）を創設した。

現在、生成的な社会的な場を育て、活性化するための取り組みとして、プレゼンシング・インティチュートの実践者、ファシリテーター、アクション・リサーチャーは世界各地で4つの興味深い活動に携わっている。

1. イノベーション・ラボ……企業、政府、市民社会の利害関係者を結集して、今日の破壊的混乱がもたらす課題に集合的に対応する。
2. 能力開発……頭と心と手の知性を結びつけることによって、根底からのイノベーションと変革を導く集合的な能力を養う。
3. アクション・リサーチ……知識をとらえ、U理論に基づく社会テクノロジーを練り上げ、社会的な場の深層の構造を可視化する方法を開発する。
4. 運動構築《ムーブメント・ビルディング》……人々が経済、民主主義、文明の再生の新しい物語《ナラティブ》を発見し、それを軸としてつながりを作ることができるような無料の教育プラットフォームを創り出すことによって、社会の意識を反応型から生成型に移行させる。

プレゼンシング・インスティチュートについての詳しい情報については、www.presencing.org にアクセスしていただきたい。

◉訳者

中土井 僚　Ryo Nakadoi

オーセンティックワークス株式会社代表取締役。広島県呉市出身。同志社大学法学部政治学科卒。リーダーシップ・プロデューサー。「自分らしさとリーダーシップの統合と、共創造（コ・クリエイション）の実現」をテーマに、マインドセット変革に主眼を置いた意思決定支援、リーダーシップ開発及び組織開発支援を行う。コーチング、グループファシリテーション、ワークショップリードなどの個人・チーム・組織の変容の手法を組み合わせ、経営者の意思決定支援、経営チームの一枚岩化、理念浸透、部門間対立の解消、新規事業の立ち上げなど人と組織にまつわる多種多様なテーマを手掛ける。過去携わったプロジェクトは食品メーカーの理念再構築、業績低迷と風土悪化の悪循環が続いていた化粧品メーカーのV字回復や、製造と販売が対立していた衣類メーカーの納期短縮など100社以上に及ぶ。アンダーセンコンサルティング(現:アクセンチュア)とその他2社を経て独立。2005年よりマサチューセッツ工科大学上級講師であるオットー・シャーマー博士の提唱するU理論の日本における啓蒙と実践にも携わり、現在に至る。著書に『U理論入門』（PHP研究所)、『マンガでやさしくわかるU理論』（日本能率協会マネジメントセンター)、『図解入門ビジネス　最新U理論の基本と実践がよ～くわかる本』（秀和システム)、共訳書にC・オットー・シャーマー著『出現する未来から導く』（英治出版）がある。

由佐 美加子　Mikako Yusa

合同会社CCCパートナー。米国大学卒業後、国際基督教大学修士課程を経て野村総合研究所入社。後にリクルートに転職、事業企画職を経て人事部に異動し、「学習する組織」の考え方に基づく人材・組織開発施策を導入。2005年米国ケースウェスタンリザーブ大学経営大学院で組織開発修士号を取得。出産を経て、グローバル企業の人事部マネジャーとして人材・組織開発を担った後、2011年に独立し、2014年に合同会社CCCを設立。競争と分断を越えたCo-creation（共創）を個人の人生や企業組織、社会に創り出すプロセスを提供している。共訳書にC・オットー・シャーマー著『出現する未来から導く』、監訳書にアダム・カヘン著『未来を変えるためにほんとうに必要なこと』（ともに英治出版)。

プレゼンシングインスティチュートコミュニティジャパン　Presencing Institute Community Japan

プレゼンシング・インスティチュート（PI）www.presencing.org は、オットー・シャーマー氏らによって設立されたグローバル規模の覚醒（アウェアネス）を伴う変化とイノベーションのためのコミュニティです。出現しようとしている世界と高次の自己につながる『プレゼンシング』のプロセスの実践を目的に世界規模のネットワークとして拡大しており、さまざまな社会分野における変革プロジェクトの実践やU理論で提唱されている社会テクノロジーの学習の場を提供しています。

プレゼンシングインスティチュートコミュニティジャパン（PICJ）は世界中の国々で形成されているPIコミュニティの一つとして、グローバルのPIの活動と日本をつなげ、日本における変革に必要な社会的能力の拡大を目的に、未来への変化を起こすための社会テクノロジーに関する情報・ツールの提供、学びの場の企画・運営、さまざまな変革プロセスの支援をしています。

このコミュニティの活動に関する情報をご希望の方はPICJホームページより、メールマガジンにご登録ください。※登録フォームはトップページの下方にあります。

http://www.presencingcomjapan.org/

● 英治出版からのお知らせ

本書に関するご意見・ご感想を E-mail (editor@eijipress.co.jp) で受け付けています。
また、英治出版ではメールマガジン、ブログ、ツイッターなどで新刊情報やイベント情報を配信しております。ぜひ一度、アクセスしてみてください。

メールマガジン ：会員登録はホームページにて
ブログ ：www.eijipress.co.jp/blog/
ツイッター ID ：@eijipress
フェイスブック ：www.facebook.com/eijipress
Web メディア ：eijionline.com

U理論［エッセンシャル版］

人と組織のあり方を根本から問い直し、新たな未来を創造する

発行日 2019年11月15日 第1版 第1刷

著者 C・オットー・シャーマー
訳者 中土井僚（なかどい・りょう）、由佐美加子（ゆさ・みかこ）
発行人 原田英治
発行 英治出版株式会社
〒150-0022 東京都渋谷区恵比寿南 1-9-12 ピトレスクビル 4F
電話 03-5773-0193 FAX 03-5773-0194
http://www.eijipress.co.jp/
プロデューサー 高野達成
スタッフ 藤竹賢一郎 山下智也 鈴木美穂 下田理 田中三枝
安村侑希子 平野貴裕 上村悠也 桑江リリー 石崎優木
山本有子 渡邉吏佐子 中西さおり 関紀子 片山実咲
印刷・製本 中央精版印刷株式会社
装丁 英治出版デザイン室
翻訳協力 清川幸美／株式会社トランネット www.trannet.co.jp
校正 株式会社ヴェリタ

ISBN978-4-86276-267-2 C0034 Printed in Japan